U0814187

用于国家职业技能鉴定

国家职业资格培训教程

YONGYU GUOJIA ZHIYE JINENG JIANDING

GUOJIA ZHIYE ZIGE PEIXUN JIAOCHENG

项目管理员

（国家职业资格四级）

编审委员会

主　任　刘　康

副主任　张亚男　张婀娜　邱菀华

委　员　杨爱华　邓晓远　宋守信　王亚慧　陈长兵
詹　伟　杨　敏　李英侠　刘伊生　谢小钦
周荣喜　李　森　赵雪锋　陈丽兰　王丽珍
董纪昌　张金兰　杨彦龙　陈　蕾　刘永澎
张　伟

编审人员

主　编　张婀娜

副主编　杨　敏

编　者　张婀娜　宋守信　王亚慧　杨　敏　陈长兵
李英侠　谢小钦　陈丽兰　刘伊生　李　森
赵雪锋　李维柱　张金兰

主　审　杨爱华

中国劳动社会保障出版社

图书在版编目(CIP)数据

项目管理员：国家职业资格四级/中国就业培训技术指导中心组织编写. —北京：中国劳动社会保障出版社，2009

国家职业资格培训教程

ISBN 978-7-5045-7520-3

Ⅰ.项… Ⅱ.中… Ⅲ.项目管理-技术培训-教材 Ⅳ.F224.5

中国版本图书馆 CIP 数据核字(2009)第 066740 号

中国劳动社会保障出版社出版发行

（北京市惠新东街 1 号 邮政编码：100029）

出版人：张梦欣

*

北京世知印务有限公司印刷装订 新华书店经销

787 毫米 ×1092 毫米 16 开本 11.75 印张 201 千字

2010 年 4 月第 1 版 2012 年 4 月第 2 次印刷

定价：23.00 元

读者服务部电话：010-64929211/64921644/84643933

发行部电话：010-64961894

出版社网址：http：//www.class.com.cn

前　　言

为推动项目管理师职业培训和职业技能鉴定工作的开展，在项目管理师从业人员中推行国家职业资格证书制度，中国就业培训技术指导中心在完成《国家职业标准·项目管理师》（以下简称《标准》）制定工作的基础上，组织参加《标准》编写和审定的专家及其他有关专家，编写了项目管理师国家职业资格培训系列教程。

项目管理师国家职业资格培训系列教程紧贴《标准》要求，内容上体现“以职业活动为导向、以职业能力为核心”的指导思想，突出职业资格培训特色；结构上针对项目管理师职业活动领域，按照职业功能模块分级别编写。

项目管理师国家职业资格培训系列教程共包括《项目管理师（基础知识）》《项目管理员（国家职业资格四级）》《助理项目管理师（国家职业资格三级）》《项目管理师（国家职业资格二级）》《高级项目管理师（国家职业资格一级）》5本。《项目管理师（基础知识）》内容涵盖《标准》的“基本要求”，是各级别项目管理师均需掌握的基础知识；其他各级别教程的章对应于《标准》的“职业功能”，节对应《标准》的“工作内容”，节中阐述的内容对应《标准》的“能力要求”和“相关知识”。

本书是项目管理师国家职业资格培训系列教程中的一本，适用于对项目管理员的培训，是国家职业技能鉴定推荐辅导用书。

本书第1章由李英侠编写，第2章由刘尹生、赵雪峰编写，第3章由杨敏编写，第4章由张婀娜编写，第5章、第6章由宋守信、李森编写，第7章由王亚慧编写，第8章由陈长兵编写，第9章由谢小欣、李维柱编写。

本书在编写过程中得到了国家职业技能鉴定项目管理专家委员会秘书处、北京华夏精英项目管理咨询有限公司、中国项目管理师网（http：//www.cpmp.org.cn）等单位的大力支持与协助，在此一并表示衷心的感谢。

中国就业培训技术指导中心

序

按照中华人民共和国劳动和社会保障部2002年颁布的《国家职业标准·项目管理师》（试行）编写的《国家职业资格培训教程·项目管理师》（以下简称“旧版教程”）已经使用了五年。五年来，项目管理已日益广泛地应用到我国社会各行各业的各个领域中，取得了可喜的成绩。基于五年来项目管理无论在理念、方法与实践上均有很多新的发展，旧版教程已不能适应项目管理发展的需要，故亟待修订。

项目管理既是一种管理活动，又是一门科学体系，即人们以项目活动为研究对象，研究对项目进行科学组织与管理的理论、方法和手段。项目管理涉及的学科知识极为广泛，包括项目管理所特有的知识、一般管理的知识以及与项目相关应用领域的知识，项目管理知识体系就是这些知识的总和。知识经济时代是项目蓬勃发展的时代，发达国家和地区的实践表明，当今人类社会的大部分活动都可以按项目来运作，项目管理正以一种新的思维方式和管理模式渗透到各个领域，成为人类生存和推动社会发展的一种必要手段。为顺应时代发展和实际工作需要，我们在总结旧版教程经验的基础上，结合当今项目管理先进理论，编写了新版项目管理师国家职业资格培训系列教程（以下简称“新版教程”）。

新版教程力求吸收当今世界项目管理知识体系的内容，尽可能覆盖所涉及的全部知识，特别是着力反映那些已被中国实践证明适用的内容。新版教程采用国际通用的术语，同时又注意从中国具体国情出发，用中国人的思维方式和容易接受的语言进行阐述，并做到详略得当、有所创新。应该看到，在当今科技和社会进步突飞猛进的时代环境中，随着项目管理实践的不断发展和学科研究的不断深入，项目管理的内涵会变得更加丰富，项目管理知识体系将处于不断发展之中。

新版教程在《国家职业标准·项目管理师》基础上进行了适当调整与扩充，坚持以职业活动为导向、以职业能力为核心，突出对职业培训和资格认证的适用性。新版教程在表现形式上采用了一种全新的编写风格来讲解项目管理的完整知识体系，同时通过大量案例增加教材的实用性；在内容上采用国际项目管理的最新成就，以期尽可能反映世界范围内项目管理研究的新成果、新动向；在体系上基本沿用了PMI（美国项目管理协会）九大知识体系的结构，但同时又改善了旧版教程使用不便的问题，以项目管理的生命期为主线，依据项目管理在不同阶段的特点，按照先后顺序讲解相关内容。

新版教程改变了旧版教程四个级别合一的编写模式，各级别单独成书，内容由浅入深、逐级递进。新版教程共包括5本：《项目管理师（基础知识）》《项目管理员（国家职业资格四级）》《助理项目管理师（国家职业资格三级）》《项目管理师（国家职业资格二级）》《高级项目管理师（国家职业资格一级）》。与旧版教程相比，新版教程在内容上增加了安全管理和环境管理、项目组合管理、大型复杂项目管理、项目后评价等。其中《项目管理师（基础知识）》增加了项目经理、项目文化、项目沟通管理、项目软件应用等内容，《项目管理员（国家职业资格四级）》增加了安全、健康与环境管理，礼仪基本知识，计算机网络基础知识等内容，《助理项目管理师（国家职业资格三级）》增加了安全管理、职业健康管理与环境保护、项目信息系统基础理论知识、绩效评价方法和项目总结报告等内容，《项目管理师（国家职业资格二级）》增加了项目章程、六西格玛管理、突发事故应急管理、环境污染防治、项目后评价等内容，《高级项目管理师（国家职业资格一级）》增加了战略管理、界面管理、关键链、物流管理、组合管理、质量经营战略、知识管理、项目索赔等内容。

新版教程在组织编写和审定过程中，得到了中国人民大学、北京航空航天大学、北京交通大学、中科院研究生院、北京化工大学、北京建筑工程学院、北京联合大学等单位的大力支持，华夏精英项目管理中心邓晓远、张金兰等同志对本书的编撰提供了大量组织保障工作，特此感谢。

张炳娜

目　录

CONTENTS　国家职业资格培训教程

第1章 项目范围管理

第1节　项目范围计划

学习单元1　识别项目范围

学习目标

- 掌握项目范围的概念和构成
- 掌握项目目标和可交付成果的概念
- 掌握项目目标制定的依据和原则
- 能够识别项目范围

一、项目范围的概念和构成

项目范围是对项目界限的定义，是指为交付具有规定特性与功能的产品、服务或成果所需完成的工作，包括项目产出物范围和项目工作范围两个方面。

1. 项目产出物范围

从项目利益相关者的角度来看，项目产出物范围是指项目业主或客户所要的项目产出物，即项目产品、服务或成果所期望包含的功能和特征的总和。它既包括项目产品、服务或成果的主体部分，也包括项目产出的产品或服务的辅助部分，主体部分和辅助部分之间有着彼此独立却又相互关联或相互依赖的关系，所以在项目范围管理中必须将它们作为一个整体去管理。通常，任何一个项目都要通过项目范围说明书给出最终项目产出物的全面描述和各种相关的指标。

2. 项目工作范围

项目工作范围是指项目实施组织或项目团队为提交项目最终产品所必须完成的各项工作的总和，即完成一个项目并且实现项目目标和获得项目最终交付物所必需的全部工作的范围。简单讲，就是项目要做些什么以及如何做才能实现项目的目标。项目的工作范围既包括对项目产出物主体部分工作范围的管理，也包括对项目产出物辅助部分工作范围的管理。

项目范围的确定是逐步进行的，从最初对于项目最终产出物的概念到在项目发展中对交付物越来越细节描述的文件，逐步深入。项目产出物范围和项目工作范围就是包含在项目中的全部内容。项目应该交付所有在项目范围内所描述的内容。范围内不包括的任何工作都不应该在项目中展开。在某些种类的项目中，范围还包括地理和用户的环境，由项目产生或改变的系统将在这个环境中运作。

任何一个项目都需要对项目范围进行严格认真的管理，都需要将项目产出物的范围和项目工作的范围很好地结合在一起进行管理，以确保项目实施组织或项目团队能够为项目业主或客户提供满意的项目工作成果。

二、项目目标和可交付成果的概念

1. 项目目标

项目目标是指确定项目成功完成所必须满足的定量标准，没有量化的标准通常隐含较高的风险。项目目标通常用不多于200字的表述定量描述项目的成本、进度和质量标准。项目目标通常要回答下列问题：做什么、为什么做、需要什么资源、什么时间以及在哪里做、如何评价。

例如，某办公管理系统开发项目的项目目标可以描述如下：

2007年8月1日至12月1日为A公司完成办公管理系统开发工作。该系统将满足A公司对办公自动化的需求。需要1 200人时和100 000元。利润目标是合同额的20%。

2. 项目可交付成果

项目可交付成果是指为完成某一过程、阶段或项目而必须交付的任何独特、可验证的产品、成果或提供服务的能力。对于需经项目委托人或客户批准的外部可交付成果，意义常常更狭窄。要根据项目目标确定项目的最终可交付成果和阶段性可交付成果。项目可交付成果通常采用“瞬间动词＋名词＋时间限制”的表达方式。

例如，上述办公管理系统开发项目的可交付成果可以描述如下：

1. 最终可交付成果

（1）提交一个完成测试并被客户接受的办公管理系统（2007-01-12）。

（2）提交一套系统使用手册（2007-01-12）。

2. 阶段性可交付成果

（1）完成需求分析报告（2007-01-09）。

（2）确定系统设计方案（2007-01-10）。

（3）完成系统实现与系统测试（2007-01-11）。

三、项目目标制定的依据和原则

1. 项目目标制定的依据

项目目标制定的依据包括项目章程、项目工作说明书、事业环境因素和经验与教训。项目章程是一个正式承认项目存在的文件，它必须经过项目主要利益相关人签字，以表示对项目需求和项目目标的一致同意和认可。工作说明书是对应由项目提供的产品、服务或成果的文字说明。对于内部项目，项目发起人或出资人根据经营需要、产品、服务或成果要求提供一份工作说明书。对于外部项目，工作说明书属于客户招标文件的一部分，如建议邀请书、信息请求、招标邀请书或合同中的一部分。环境因素是指在制定项目章程时，任何一种以及所有存在于项目周围并对项目成功有影响的所有外部环境因素与内部环境因素。任何一种以及所有参与项目的组织都可能有正式或非正式的方针、程序、计划指导和原则，所有这些就是组织过程资产。组织过程资产还反映了组织从以前项目中吸取的教训和历史信息，如完成的进度表、风险数据和挣值数据。经验与教训的组织方式因行业、组织和应用领域的类型而异。

2. 项目目标制定的原则

项目目标的制定应符合SMART原则。SMART原则具体含义如下：

（1）明确性（specific）

项目目标应回答以下两个问题：最终目标是否明确；应该做到哪一步以及何时完成。

（2）可度量性（measurable）

可度量性是指应通过一套衡量方法，令工作人员清楚了解何时完成目标。

（3）可完成性（achievable）

可完成性是指在规定时间内，最终目标是否合理，能否实现。

（4）相关性（relevant）

相关性是指最终目标是否很重要、很有价值，是否值得进行下去。

（5）可跟踪性（traceable）

可跟踪性是指能否对整个项目进程进行跟踪检查。

识别项目范围案例

项目范围识别的主要工作包括描述项目产品、明确项目目标以及描述项目的最终和阶段性可交付成果。下面用案例说明如何识别项目范围。

某高校决定在校园教学楼各大厅设立信息查询终端，任命钟文为项目经理。该高校希望信息查询终端能够完成新投资项目所需的大部分标准化工作，但是项目的展开却存在一个问题：该高校是一家办学单位而不是设备制造安装公司，而项目却牵涉信息查询终端的建造。同时，该项目还涉及电子技术的创新，具体而言就是为广大在校学生设计操作简便的查询菜单。因此，该项目需要一个具有友好用户界面的应用软件、一个完备了的信息查询终端以及要供查询的各类信息需在新产品中具备。项目发起人高山校长要求第一台信息查询终端必须在4个月内到位，并且建造最初20个信息查询终端的成本不得超出40万元。高山说，学校不想要任何华而不实的东西，要的是高效的、对广大学生有吸引力的投资方案。

1. 项目产品描述如下：

开展信息查询终端项目，向校内广大学生提供教学等信息查询服务。信息查询终端应具有易于使用的操作界面和一套创新性的软件，以便学生创建自己的查询组合。项目产品的主要客户群体是自己没有电脑的学生。信息查询终端必须足够抢眼，能够吸引学生的注意力。建造信息查询终端的主要目的是使全体学生及时了解教学等相关信息。

2. 项目目标描述如下：

（1）在启用信息查询终端的基础上要使90%以上的学生经常使用信息查询终端。

（2）借助新应用软件和新界面的创新性特点，要在主要教育类期刊上刊登至少2篇不同的文章宣传信息查询终端，在半年内提高学校的形象。

（3）应用软件要保护学生的安全，并只使用学生的一些基本信息，让学生在建立自己的查询组合时不必输入过多资料。

3. 可交付成果描述如下：

（1）信息查询终端的设计、建设和调试。

（2）界面以及新应用软件的概念创建、设计和实施。

（3）信息查询终端概念的推广，还要进行调查和分析，保证查询终端的设计具有创新性。

学习单元 2　收集整理工作分解结构模板

学习目标

- 掌握项目范围界定的概念
- 掌握项目范围界定的目的和要求
- 掌握项目范围界定的工具
- 掌握项目范围界定的过程
- 能够收集整理工作分解结构模板

一、项目范围界定的概念

在识别项目范围之后，项目范围管理的下一步是进一步确定项目的工作任务，将之分解为易于操作和管理的单元。将工作分解为易于操作和管理的各个部分就是项目范围的界定。项目范围界定过程的结果是项目工作分解结构（work breakdown structure，简称 WBS）。

工作分解结构以可交付成果为对象，应由项目团队为实现项目目标并创造必要的可交付成果而执行的工作分解之后得到的一种层次结构。工作分解结构确定了整个项目范围，并将其有条理地组织在一起。工作分解结构把项目分成较小和更便于管理的多项工作，每下降一个层次意味着对项目工作更详尽的说明。属于工作分解结构底层组成部分的计划工作叫做“工作包”，可以安排在进度表中，估算费用，进行监控。工作分解结构是当前批准的范围说明书规定的工作。构成工作分解结构的各个组成部分有助于利益相关者理解项目的可交付成果。

二、项目范围界定的目的和要求

范围界定对项目成功非常重要。如果项目范围界定不清晰，就不可避免地在项目执行过程中出现各种变更。而过于频繁的项目范围变更通常会破坏项目节奏及进程，造成返工、延长项目工期、降低项目工作人员的生产效率和工作激情等，最终导致项目成本大大超出预算的要求。

一般希望通过项目范围界定达到如下目的：第一，提高项目时间、成本以及所需资源估算的准确性；第二，为项目实施绩效评估和项目控制提供基线；第三，有助于清楚地沟通工作职责。

项目范围界定要求准确、详细，要有利于资源的合理配置和使用，有利于成本和时间估算的正确性，尽可能避免超出预算的现象发生。项目范围界定的结果——WBS 被看做是对“项目中要完成什么?”问题的回答。根据工作的定义和关系绘制的网络图可以回答“如何完成?”的问题，根据网络图计算得到的进度计划可以回答“什么时候完成?”的问题。

WBS 必须与项目目标有关，必须以最终产品、服务或成果为导向，因而 WBS 组成单元更适宜用那些形容词修饰的名词来描述。如果使用动词描述则隐含着活动，活动是在 WBS 结构中最低层以下的作业层执行的。当然，出于沟通角度考虑，WBS 中也不排除使用动词描述的组成单元，但是不管怎样描述 WBS 的组成单元，WBS 都是建立在可交付结果的基础上的。

三、项目范围界定的工具

项目范围界定的工具包括工作分解结构模板和分解两部分。

虽然每个项目都是独特的，但以前项目的工作分解结构往往可以当做新项目的模板，因为某些项目与以前的某一项目总有某种程度的相似之处。例如，给定组织中大部分项目的生命期往往相同或者相似，因此，每个阶段的可交付成果往往相同或者相似。许多应用领域或执行组织都有标准的工作分解结构模板。

分解就是把项目可交付成果分成较小的、易于管理的组成部分，直到工作和可交付成果定义到工作包层次。工作包层次是工作分解结构中的最低层，能够可靠估算工作费用和持续时间的位置。工作包的详细程度因项目大小与复杂程度而异。

要在很远的将来完成的可交付成果或子项目，可能就无法分解。项目管理团队一般要等到可交付成果或子项目经过阐明并可以提出工作分解结构细节的时候才能分解。这种技术有时候叫做“滚动式”计划。

不同的可交付成果会有不同的分解水平。为了分解到工作包层次，创造某些可交付成果的工作只需分解到下一层次，而其他一些可交付成果则需要分解到更多层次。当工作分解到下一层次时，就提高了计划、管理和控制该工作的能力。然而，过细的分解可能造成管理精力的无效耗费，资源利用效率不高，甚至降低实施该工作的效率。项目管理团队需要权衡工作分解结构的详细程度，既不能太粗，也不能太细。

四、项目范围界定的过程

界定项目范围首先需要在充分研究项目业主或客户需求建议书的基础上，依据项目范围说明书将项目范围内的工作分解为具体、详细、明确的执行单元，以此为基础绘制工作分解结构。接下来编写项目工作分解结构词典，对项目工作分解结构的所有工作包进行详细说明。然后，将 WBS 中的每一项工作落实到具体的项目成员，建立描述项目责任落实情况的项目组织分解结构（organization breakdown structure，简称 OBS），同时还需要为各项目成员配备必要的资源，建立起描述资源配置情况的项目资源分解结构（resource breakdown structure，简称 RBS）。

五、收集整理工作分解结构模板

模板法是一种非常高效的分解方法，需要有一定的经验和数据积累。应用模板法可以参考行业标准、咨询公司的商业性模板库和企业标准与惯例。

在很多专业应用领域中均有标准或半标准的项目工作分解结构可作为新项目的工作分解结构模板。

例如，如图 1—1 所示，是美国国防部曾为国防装备项目制定的标准工作分解结构。

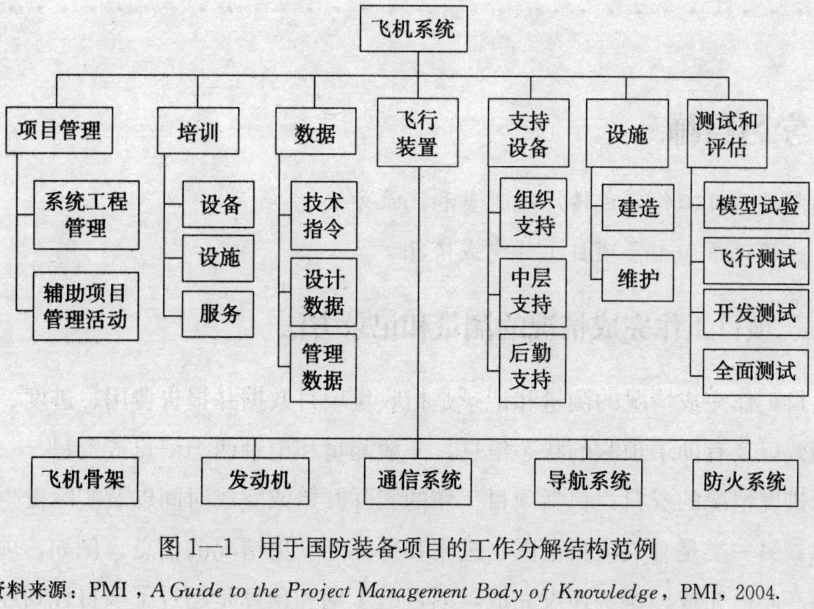

图 1—1　用于国防装备项目的工作分解结构范例

资料来源：PMI，*A Guide to the Project Management Body of Knowledge*，PMI，2004.

例如，如图 1—2 所示，是围绕项目阶段设计的企业内部网项目的工作分解结构。

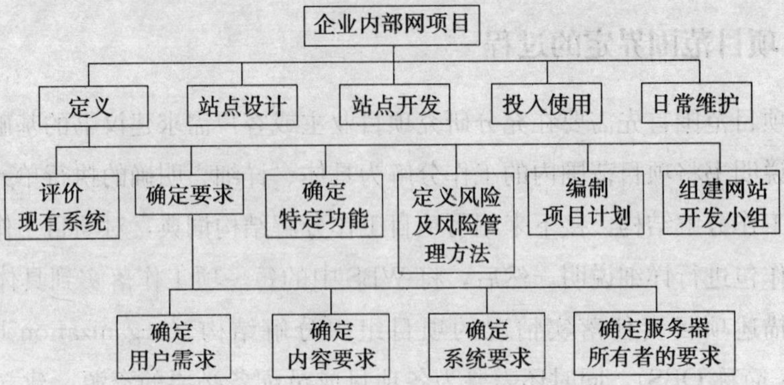

图 1—2 企业内部网项目工作分解结构

第 2 节 项目范围控制

学习单元 1 测量和记录项目工作完成情况

学习目标

- 掌握项目工作完成情况的测量和记录方法
- 能够记录和测量项目工作完成情况

一、项目工作完成情况的测量和记录方法

项目工作完成情况的测量和记录是指收集项目数据并报告费用、进度、技术与质量绩效以及有助于预测的状态信息。一般测量和记录两类信息或资料。一类是项目实际进度情况的资料，包括项目工作的实际开始或完成时间以及实际发生的费用等情况；另一类是有关项目范围、进度和预算等变更情况的信息。例如，项目的哪些中间产品已完成、哪些还没完成，项目的工期和预算是超过了项目计划还是未超

过项目计划等。

根据项目工作完成情况的测量和记录可以形成项目实施情况报告。该报告可以提醒项目组织注意那些会在未来引发问题和项目范围变更的因素与环节。一般而言，项目实施情况报告都有固定的报告期，报告的频率取决于项目时间长短和项目复杂性。报告周期可以是一天、一周、一个月等。如果需要对项目实行更为严密的范围控制，可以采取缩短项目实施报告周期的做法。

通常从以下 3 个方面测量和记录项目工作完成情况：

1. 预算执行情况检查

这种方法是通过比较实际费用与预算费用来实现对项目工作完成情况的测量和记录。如果评估结果表明项目按照预算执行，而且实际项目成果与预期项目成果相符合，则不需要项目范围的变更；但是如果评估结果与预期结果不一致，项目经理必须要采取纠偏措施。例如，某项目上个月的预算费用是 24 000 元，而实际费用是 30 000 元，就需要调查偏差的原因并可能要提出纠正偏差的措施。

下面所列因素将有可能导致项目实际费用超出预算：

（1）长期项目中存在的通货膨胀问题。

（2）汇率方面存在的不利变化。

（3）没有与供应商和承包商签订固定总价合同。

（4）为了赶工期而产生的不在预算范围内的加班费。

（5）超出预期的培训费用和咨询费用。

在进行预算执行情况检查时千万不要轻易将偏差视为是偶然现象，而要通过认真调查找到偏差背后真正深层次的原因。要仔细思考为什么会出现偏差，偏差会不会重复，正确处理偏差的方法是什么。

检查员发现问题后不要自作主张，一定要获得与此问题关系最密切的人员的帮助和支持。

2. 定期进行质量检查

这部分内容将在质量管理部分详细介绍，这里不再赘述。

3. 里程碑检查

这部分内容将在进度管理部分详细介绍，这里不再赘述。

二、记录和测量项目工作完成情况的常用表单

对过去的绩效和当前情况的分析，都是为了更好地控制将来，也就是说能够更好地控制和把握整个项目的进展，使得项目按照预定目标和既定计划逐步实施。

记录和测量项目工作完成情况的常用表单（见表 1—1）。

表 1—1　记录和测量项目工作完成情况的常用表单

序号	要考虑的问题	检查情况
1	是否符合进度要求	
2	是否符合预算	
3	偏差的大小如何	
4	偏差的原因	
5	谁的责任	
6	发展趋势如何	
7	何时完成	
8	完工时总共需花费多少	

学习单元 2　记录范围变更

学习目标

- 掌握范围变更的概念
- 掌握记录范围变更的基本要求和内容
- 能够将项目范围变更记录归档

一、范围变更的概念

项目处在一个不断发展变化的环境之中，因此，项目本身也难免发生各种各样的变化，于是项目团队需要对项目进行各种修改，这些变化和修改就是变更。变更发生在项目的范围、进度、质量、费用、风险、人力资源、沟通以及合同等各个方面，并会对其他方面产生一定的影响。其中范围变更的请求可能由不同的来源提出，以不同的形式出现，口头的或书面的，直接的或间接的，外部提出的或内部提出的，法律强制性的或可选择的等。

范围的变更可能导致成本、时间、质量或其他项目目标的变更。

二、记录范围变更的基本要求和内容

在进行项目范围变更管理时，对范围变更的记录和归档是一项重要工作。当项目范围发生变更，与基准计划出现偏差的时候，应该把有关偏差的分析和纠正措施等内容记录下来，作为项目管理文档的一部分，通知项目的利益相关者。在征得全部相关人员的一致同意之后，才可以确定项目范围的变更，并采取合理的措施。项目范围变更及控制措施一旦确定，要更新相关文件，以文件形式对其加以确认。

1. 记录范围变更

记录范围变更时应符合以下基本要求：

（1）所有记录都是最新的、准确的。

（2）有关项目的记录必须准确识别出项目产品、服务或成果的最终技术指标。

（3）记录应该整理有序，编制索引以便随时查看，并且存放在一个安全的地方。

（4）电子数据库和电子文档也应作为项目文档备份和储存。

2. 范围变更记录

范围变更记录应包括以下内容：

（1）变更申请。变更申请中通常包括变更名称及编码、变更申请日期、变更申请人、变更提交人、变更详细描述、变更影响分析、变更决策和假设以及变更审批人等内容。

（2）变更登记。变更登记是对各项变更申请的汇总，除了变更申请的主要内容之外，还应实时更新变更申请的处理状态及日期。

三、项目范围变更记录归档

将项目范围变更记录归档就是记录有关项目范围扩大或缩小的数据和过程。具体流程如下：

1. 记录关于变更的一般性信息。例如，日期、简要描述变更内容和要求进行变更的人员。

2. 记录变更在企业经营、技术或其他方面的必要性。

3. 描述对变更的分析结果（专家需要记录变更影响和分析过程）。分析过程中可能包括以下内容：

（1）记录对范围、资源、成本、质量、进度计划、可交付成果、目的以及项目中其他将发生变更事项的影响。

（2）记录是否引入了新的风险或者对旧风险产生影响，记录范围变更会对当前的产品、服务或成果要求带来哪些问题或影响。

（3）分析变更是否会影响其他依赖于此项目的事物，如另一个项目或企业经营过程。

4. 记录评审和批准变更的标准并将变更（或变更未获批准的原因）传达给所有项目利益相关者。在范围变更计划和整体变更控制计划中建立审批等级矩阵。

5. 将变更归档，融入项目范围并作为项目计划的一部分得到管理和跟踪。

项目范围变更记录归档的核心工作就是将必要的表格或其他书面文件、责任跟踪、变更审批制度、人员和权限说明进行归档。需求变更申请表（见表1—2）就是一种典型的需要归档的项目范围变更记录书面文件。

表 1—2　　需求变更申请表

申请日期		需求变更内容的关键词	
申请人		归属 WBS 编码	
变更内容			
变更理由			
对其他工作包的影响及所需资源			
申请人意见			
申请人签名		签名日期	
负责人意见			
若变更		若不变更	
优先级		负责人批复意见	
WBS 编号			
执行人			
结束时间			
负责人签名		负责人签名	
签名日期		签名日期	

第 2 章 项目时间管理

第 1 节 项目进度计划

学习单元 1 项目进度计划制订

学习目标

➢ 掌握项目进度计划的概念、作用和构成

➢ 掌握项目进度计划与其他项目管理计划的联系

➢ 掌握项目进度计划的编制依据

一、项目进度计划的定义和制订原则

1. 项目进度计划的定义

项目计划（project plan）是指项目组织根据项目目标的规定，对项目实施过程中进行的各项工作作出周密安排。项目进度计划（project scheduling）是根据实际条件和合同要求，以拟建项目的竣工投产或交付使用时间为目标，按照合理的顺序安排实施日程，是执行项目工作和达到里程碑目标的日期计划，其实质是把各项工作的时间估计值反映在逻辑关系图中。

项目管理员应掌握项目进度计划的基本概念，正确理解各工作之间的时序关系，要能够看懂横道图、里程碑图和时标网络图。

2. 制订项目进度计划的原则

（1）运用现代科学管理方法编制进度计划，以提高计划的科学性和质量。

（2）充分落实编制进度计划的条件，避免过多的假定使计划失去指导作用。

（3）大型、复杂、工期长的项目要实行分期、分段编制进度计划的方法，对不同阶段、不同时期，提出相应的进度计划，以保持指导项目启动的前锋作用。

（4）进度计划应保证项目实现工期目标。

（5）保证项目进展的均衡性和连续性。

（6）进度计划应与费用、质量等目标相协调，既有利于工期目标的实现，又有利于费用、质量、安全等目标的实现。

二、项目进度计划的作用

1. 为了保证按时获利，以补偿已经发生的费用支出。

2. 协调资源。

3. 预测在不同时间所需的资金和资源的级别，以便赋予项目不同的优先级。

4. 满足完工时间要求。

三、项目进度计划的构成

不同类型的进度计划编制构成会有所不同，但无论哪种类型的进度计划编制，以下几项工作都是必不可少的：项目工作定义、工作排序、工作持续时间计算、进度计划编制。

四、项目进度计划与项目其他计划的联系

项目计划是一个有机的整体，项目进度计划作为其中的一部分与项目其他计划有着密切的联系。

1. 项目进度计划是项目各项工作在时间维度上的安排，这种安排在一定程度上决定了项目成本、资源以及采购计划的时间分布。

2. 项目进度计划的制订要考虑多方面因素，项目其他计划是项目进度计划制订的依据和约束条件。项目进度计划必须按照项目合同规定的交付以及中间交付的计划展开，同时项目进度计划必须考虑与项目成本计划、项目资源配置计划、项目

采购计划等计划的配合，才能安排工作的开完工时间以及持续时间。

五、项目进度计划的编制依据

1. 项目对工期的要求。
2. 项目的技术经济条件。
3. 项目的外部条件。
4. 项目各项工作的时间估计。
5. 项目的资源供应状况。

学习单元 2　识读进度计划图表

学习目标

➢ 了解项目进度计划图表的主要类型
➢ 掌握项目进度计划图表的优缺点
➢ 能够识读甘特图和里程碑图

一、项目进度计划图表的主要类型

1. 横道图

横道图又称甘特图，是一种用来展示计划进度或实际进度的工具和方法。横道图是一个二维平面图，纵维表示工作包或工作任务内容，一般在图的左方自上而下排列；横维表示时间刻度。所使用的线条和横道（柱形）是用来显示进度和时间相关的每一个工作包的进展情况的。由于横道图常以线条或横道来代表工作包及其工作时间，所以横道图又常被称为条形图和棒状图。

图中的横道或粗线条显示了每项工作包或工作任务的开始时间和结束时间，其长度表示工作的持续时间，对应日历日期在横道上标出。

横道图是人们颇为喜欢的一种进度计划图，并在实践应用中不断得到改进和完善，故而横道图又可以被细分为传统横道图、带有时差的横道图和具有逻辑关系的横道图。由于传统横道图最为基础、也最为广泛地被接受，因此，本系列教程的横道图都是指传统横道图。下面介绍某项目的横道图，如图 2—1 所示。

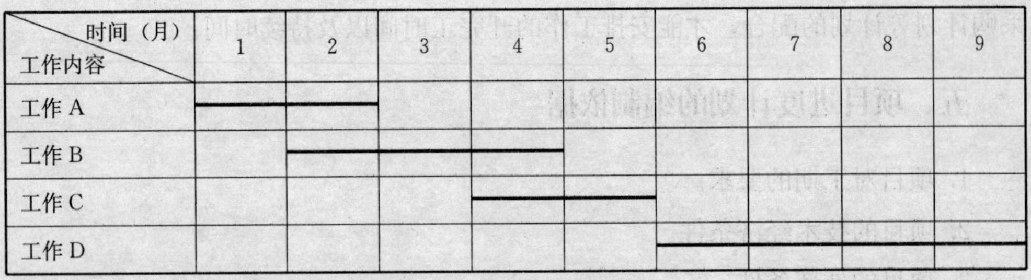

图 2—1　项目进度横道图

例如，识读横道图案例。某项目进度横道图如图 2—1 所示，请根据横道图用表格形式表示出该项目各任务的计划开始时间、计划完成时间和计划持续时间（见表 2—1）。

表 2—1　　横道图误读出的工作列表

工作内容	计划开始时间	计划完成时间	计划持续时间
工作 A	1 月初	2 月底	2 个月
工作 B	2 月初	4 月底	3 个月
工作 C	4 月初	5 月底	2 个月
工作 D	6 月初	9 月底	4 个月

2. 里程碑图

这种方法在管理层中应用得最多，以项目中主要可交付成果的计划开始或完成时间点表示的计划图表，如图 2—2 所示。

时间 / 工序	1 月	2 月	3 月	4 月	5 月
1	Δ				
2		Δ			
3			Δ		
4				Δ	
5					Δ

图 2—2　里程碑图

例如，识读里程碑图案例。某钻探项目里程碑计划如图 2—3 所示，请根据里程碑计划说明该项目的里程碑具体情况。

由图可知该项目有 3 个里程碑事件，分别为 9 月 1 日设计结束、9 月 4 日开钻和 9 月 20 日完钻。

序号	任务	1	2	3	4	5	6	7	8	9	10	11	12	13	14	15	16	17	18	19	20	21	22	23
1	设计结束		▲																					
2	开钻				▲																			
3	完钻																			▲				

图 2—3　某项目里程碑图（单位：日；项目所处月份为 9 月）

3. 网络图

网络图是用来表示工作流程有向、有序的网状图形，由箭线和节点组成。网络图有多种表示方式，最常见的有双代号网络（activity-on-arrow network，简称 AOA）和单代号网络（activity-on-node network，简称 AON），其中双代号网络在国内工程项目中常用。

（1）箭线（arrow）

网络图中一端带箭头的实线。在双代号网络图中，它表示一项工作；在单代号网络图中，它表示工作之间的逻辑关系。

双代号网络图又名箭线式网络图，是以箭线或其两端节点的编号表示工作的网络图，如图 2—4 所示。

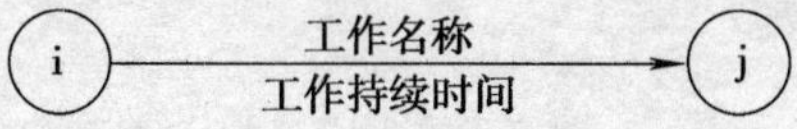

图 2—4　双代号网络图标识示例

单代号网络图又名节点式网络图，是以节点或该节点编号表示工作的网络图，如图 2—5 所示。

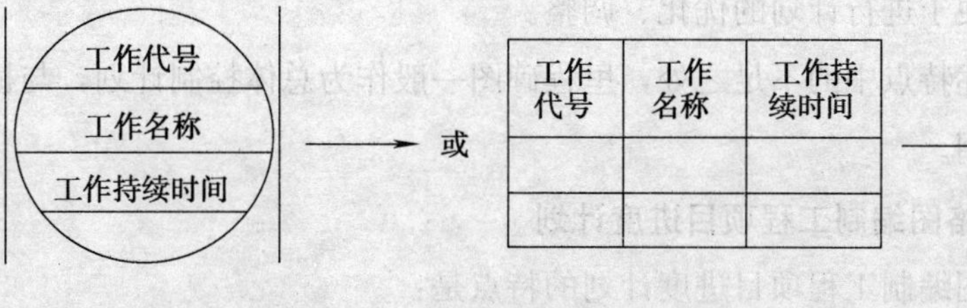

图 2—5　单代号网络图标识示例

（2）节点（node）

网络图中箭线端部的圆圈或其他形式的封闭图形。在双代号网络图中，它表示一个事件；在单代号网络图中，它表示一项工作。

（3）线路（path）

网络图中从起点开始，沿箭线方向连续通过一系列箭线与节点，最后到达终点节点所经过的通路。

二、项目进度计划图表的特点

1. 用横道图编制工程项目进度计划

用横道图编制工程项目进度计划的特点是：

（1）直观易懂，易被接受。

（2）可形成进度计划与资源资金使用计划和各种组合，使用方便。

（3）不能明确表达工程任务中各项工作之间的各种逻辑关系。

（4）不能表示影响计划工期的关键工作。

（5）不便于进行计划的各种时间参数的计算。

（6）不便于进行计划的优化、调整。

鉴于上述特点中的不足之处，横道图一般仅适用于简单、粗略的进度计划编制或作为网络计划分析结果的输出形式。

2. 用里程碑图编制工程项目进度计划

用里程碑图编制工程项目进度计划的特点是：

（1）直观易懂，易被接受。

（2）明确项目目标。

（3）明确项目阶段。

（4）不能明确表达工程任务中各项工作之间的各种逻辑关系。

（5）不能表示影响计划工期的关键工作。

（6）不便于进行计划的各种时间参数的计算。

（7）不便于进行计划的优化、调整。

鉴于上述特点中的不足之处，里程碑图一般作为总体控制计划，与横道图或网络图配合使用。

3. 用网络图编制工程项目进度计划

用网络图编制工程项目进度计划的特点是：

（1）能正确表达各工作之间相互作用、相互依存的关系。

（2）通过网络分析计算能够确定哪些工作是影响工期的关键工作，不容延误必须按时完成；哪些工作则被允许有机动时间以及有多少机动时间，从而使计划管理者充分掌握工程进度控制的主动权。

（3）能够进行计划方案的优化和比较。

（4）能够运用计算机手段实施辅助计划管理。

第 2 节　项目进度计划执行

学习单元 1　记录项目进度计划的执行情况

学习目标

➢ 掌握项目进度记录的主要表现形式

➢ 掌握项目进度计划执行与其他计划执行的关系

➢ 能够标注项目进度计划执行情况

一、项目进度记录的主要表现形式

随着项目的进展，不断观测进度计划中所包含的每一项工作的实际开始时间、实际完成时间、实际持续时间、目前状况等内容，并记录，以此作为进度控制的依据。记录的方法有实际进度前锋线法、图上记录法、报告表法等。

1. 实际进度前锋线记录法

实际进度前锋线是一种在时间坐标网络中记录实际进度情况的曲线，简称前锋线。它是网络计划执行过程中，某一时刻正在进行的各工作的实际进度前锋的连线，如图 2—6 中虚线所示。

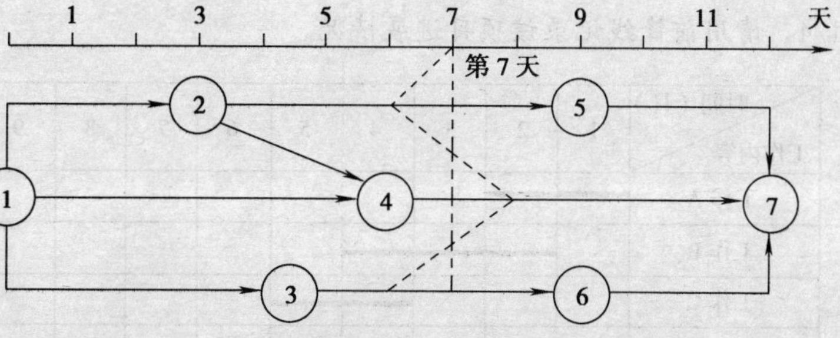

图 2—6　实际进度前锋线

2. 图上记录法

当采用非时标网络计划时，可直接在图上用文字或符号记录。若进度计划是横道图，则可在图中用不同的线条分别表示计划进度和实际进度。随着项目的完成，可绘制实际进度网络图，该图表达了各工作实际开工时间、完工时间，并将项目进展中出现的问题、影响因素等反映在图中。绘制实际进度网络图，如图 2—7 所示，可明显表达工作 7、8 已完成，工作 9、10、11 未完成，有助于计划工作的总结和资料的积累。

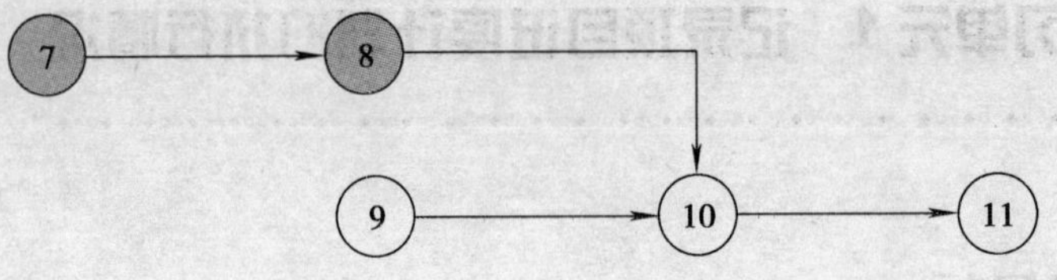

图 2—7　已完工作的记载

3. 报告表法

将实际进度状况反映在表上，即为报告表法。报告表法的具体表现形式及内容应根据报告表的形式而定。

二、项目进度计划执行与其他计划执行的关系

项目管理是一个有机的整体，项目进度计划的执行与项目其他计划的执行息息相关。项目进度计划的执行集中反映了项目的进展情况，是项目管理的主线，项目成本计划、资源计划、采购计划、人力资源计划等往往是因项目进度计划的执行而展开。同时项目进度计划的执行以项目其他计划的配合为前提条件，如人力、财力、物力跟不上，项目工作就无法进行。

例如，标注进度计划执行情况。某项目进度横道图如图 2—8 所示，在第 5 个月月初检查时发现，工作 A 已完成，工作 B 进行了 2/3，工作 C 进行了 1/2，工作 D 进行了 1/4，请用前锋线记录该项目进展情况。

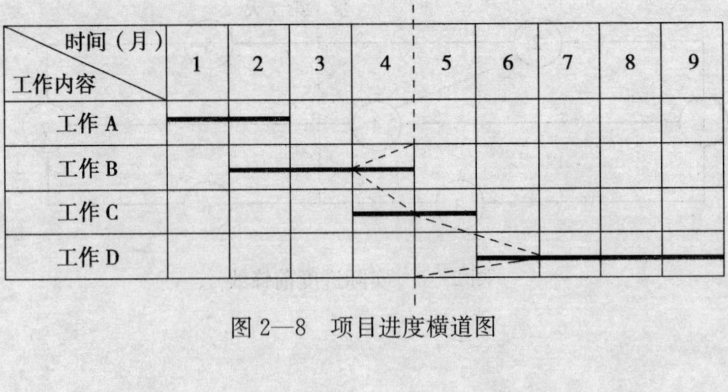

图 2—8　项目进度横道图

学习单元 2　测量进度计划执行状况

学习目标

➢ 掌握进度测量的基本概念

➢ 掌握进度测量的基本方法

➢ 能够测量项目进度情况

一、进度测量的基本概念

测量是对事物属性的性质确立，即对事物大小、方向、长度、轻重、高低、好坏和是否等进行的度量，其表现形式为一定的数。数的大小表现了事物性质的准确确立过程。进度测量则是对进度的量化描述，其测量结果可以是时间，也可以是实物量、劳动消耗量或工作量。

二、进度测量的基本方法

1. 连续测量

连续测量又称精确测量，指被测量对象的进度量，在任一测量点上均可被准确计量的测量类型。例如，工程项目实践中，土方开挖及回填、混凝土浇筑、钢结构预制及安装等，均可按照其相应的实物量计量单位，如 m^3、T 等进行连续准确测量。

2. 当量测量

当量测量又称准精确测量，指被测量对象的进度量，在任一测量点上不能被准确地进行同质性计量，但可以按照某种合理的计算规则，换算为与其对应的某个当量值后，统一用当量值进行进度测量的测量类型。例如，在工程项目实践中，管道预制就可以采用 ID 数（英文 inch diameter 的缩写，指焊道口径英寸数×该口径的焊道数，如 5 条 4 英寸口径焊道的 ID＝5×4＝20），管道安装可以用 IM 数（英文 inch meter 的缩写，即管道口径英寸数×该管道的长度米数，如 10 英寸 5 千米管道安装的 IM＝10×5 000＝50 000）为当量单位进行相对准确的进度测量。

3. 间断测量

间断测量又称里程碑测量，指被测量对象的进度属性具有明显的阶段性特征，其进度数据必须预先进行阶段权重设置后，才能在任一测量点基于预设权重框架和阶段间进度百分数，决定进度测量的测量类型。例如，在工程项目实践中，动力设备安装常常被预先设定为吊装就位、冷找正、热找正、单机试运等进度阶段，并赋予相应的进度权重。实际测量时，通过评价其阶段内进度百分数，再结合阶段权重，最终确定出被测量对象的进度数据。

4. 混合测量

混合测量指综合运用多种测量原理的进度测量方法。复杂项目由于工作内容繁杂，各专业进度属性差异性大等特点决定了必须采用混合型测量模式建立其进度测量体系。

测量项目进度情况案例

某城市轻轨建设项目公司工程部对7月份土建进度的测量得出统计结果（见表2—2），该公司项目总体进度按照投资额来衡量，请根据下表测算该项目各标段进度情况和总体土建进度情况：

表2—2　　7月份土建进度统计表

标段	形象主体	形象单元	本月计划	实际完成	完成比例（%）	单价（万元）
A标	宗关站	承台	3	2	66.7	18
	区间	墩	2	2	100	52
	站	梁	5	6	120	20
	区间	梁	5	6	120	16
B标	硚口站	桩	14	10	71.4	45
	硚口站	承台	5	3	60	20
	硚口站	墩	2	2	100	60
C标	江汉路站	桩	8	9	112.5	48
	江汉路站	承台	2	3	150	18
	江汉路站	梁	4	5	125	15

由上述材料可知，该公司的统计表为项目形象单元的连续测量数据，但各标段的桩、承台、墩、梁等情况型号并不统一，因此，无法从中直接看出各标段和总体进度情况，只有将这些数据全部转化为投资额才有可比性，这是一种当量测量方法。具体计算如下：

A 标本月计划投资额为：

18×3＋52×2＋20×5＋16×5＝338（万元）

A 标本月实际完成投资额为：

18×2＋52×2＋20×6＋16×6＝356（万元）

A 标本月计划完成比例为：

356÷338＝105.3％

B 标本月计划投资额为：

45×14＋20×5＋60×2＝850（万元）

B 标本月实际完成投资额为：

45×10＋20×3＋60×2＝630（万元）

B 标本月计划完成比例为：

630÷850＝74.1％

C 标本月计划投资额为：

48×8＋18×2＋15×4＝480（万元）

C 标本月实际完成投资额为：

48×9＋18×3＋15×5＝561（万元）

C 标本月计划完成比例为：

561÷480＝116.9％

项目土建本月总计划投资额为：

338＋850＋480＝1 668（万元）

项目土建本月实际完成投资额为：

380＋630＋561＝1 571（万元）

项目土建本月计划完成比例为：

1 571÷1 668＝94.2％

由上述计算可知七月份 A、C 标段进度超前，B 标段进度落后，整个项目的进度落后于计划。

第3节 项目进度控制

学习单元1 识别项目进度偏差

学习目标

- 掌握项目进度偏差的概念
- 掌握项目进度偏差的识别方法
- 能够报告项目进度偏差

一、项目进度偏差的概念

项目进度偏差是指在项目进行过程中，项目的实际进度和计划进度出现了不符合的情况。

二、项目进度偏差的识别方法

将项目的实际进度与计划进度进行比较分析，以评判其对项目工期的影响，查找实际进度与计划不相符合的原因，进而找出对策，这是进度控制的重要环节之一。进行比较分析的方法主要有以下几种：

1. 横道图比较法

横道图比较法是将在项目进展中通过观测、检查、收集到的信息，经整理后直接用横道线并列标于原计划的横道线上，进行直观比较的方法。例如，将某混凝土基础工程的施工实际进度与计划进度比较（见表2—3）。

上表中细实线表示计划进度，粗实线表示实际进度。在第5天末检查时，挖土已按计划完成；立模比进度计划拖后1天；绑扎钢筋的实际进度与计划进度一致；浇筑混凝土工作尚未开始，比进度计划拖后1天。

表 2—3　　　　某钢筋混凝土基础施工实际进度与计划进度比较表

工作编号	工作名称	工作时间（天）	项目进度									
			1	2	3	4	5	6	7	8	9	10
1	挖土	3										
2	立模	3										
3	绑扎钢筋	4										
4	浇混凝土	5										
5	回填土	3										

↑
检查日期

通过上述比较，项目管理者明确了实际进度与计划进度之间的偏差，为采取调整措施提出了明确任务。这是进度控制中最简单的方法。但是，这种方法仅适用于项目中各项工作都是匀速进行，即每项工作在单位时间内所完成的任务量是各自相等的。

项目完成的任务量可以用实物工程量、劳动消耗量和工作量 3 种物理量表示。为了方便比较，一般用实际完成量的累计百分数与计划应完成量的累计百分数进行比较。

2. 实际进度前锋线比较法

实际进度前锋线比较法是按照项目实际进度绘制其前锋线，根据前锋线与工作箭线交点的位置判断项目实际进度与计划进度的偏差，以分析判断项目相关工作的进度状况和项目整体进度状况方法。如图 2—6 所示，在第 7 天进行检查时，工作 2—5 和 3—6 比原计划拖后 1 天，工作 4—7 比原计划提前 1 天。工作 2—5 是关键工作，其提前或拖后将会对项目工期产生影响，所以该工作拖后 1 天，将会使项目工期拖后 1 天。

根据实际进度前锋线的比较分析可以判断项目进度状况对项目的影响。关键工作提前或拖后将会对项目工期产生提前或拖后影响；而非关键工作的影响，则应根据其总时差的大小加以分析判断。一般来说，非关键工作的提前不会造成项目工期的提前；非关键工作如果拖后，且拖后的量在其总时差范围之内，也不会影响总工期；但若超出总时差的范围，则会对总工期产生影响，若单独考虑该工作的影响，其超出总时差的数值就是工期拖延量。需要注意的是，在某个检查日期，往往并不是一项工作的提前或拖后，而是多项工作均未按计划进行，这时则应考虑其交互作用。

3. 列表比较法

采用无时间坐标网络计划时，在计划执行过程中，记录检查时刻正在进行的工作名称、已耗费的时间及尚需要的时间，然后列表计算有关参数，根据计划时间参数判断实际进度与计划进度之间的偏差，这种方法就称为列表比较法（见表 2—4）。

表 2—4　　项目进度比较分析表

工作编号	工作代号	检查时尚需时间	到计划最迟完成前尚有时间	原有总时差	尚剩总时差	判断
2—5	D	1	13－10＝3	2	3－1＝2	正常
4—8	G	8	17－10＝7	0	7－8＝－1	拖期 1 天
6—7	L	2	15－10＝5	3	5－2＝3	正常

三、报告项目进度偏差的步骤

1. 收集项目计划进度。
2. 检查项目进度计划执行情况。
3. 利用横道图、实际进度前锋线或列表法记录项目实际进度。
4. 分析项目进度偏差。
5. 写出项目进度偏差报告。

在报告中说明哪些工作提前了，哪些工作拖后了；分析偏差产生的原因；这些提前或拖后的工作对目标进度有何影响。

学习单元 2　项目进度报告基本知识

学习目标

- ➢ 掌握项目进度报告的概念
- ➢ 掌握项目进度报告的内容
- ➢ 掌握项目进度报告的形式
- ➢ 掌握项目进度报告的周期

➢ 掌握项目进度报告的类别

一、项目进度报告的概念

项目进度观测和检查的结果通过项目进度报告的形式向有关部门和人员报告。项目进度报告是记录观测检查的结果、项目进度现状和发展趋势等有关内容的最简单的书面形式报告。

二、项目进度报告的内容

项目进度报告根据报告的对象不同，确定不同的编制范围和内容，一般分为项目概要级进度控制报告、项目管理级进度控制报告和业务管理级进度控制报告。项目概要级进度控制报告是以整个项目为对象说明进度计划执行情况的报告；项目管理级进度控制报告是以分项目为对象说明进度计划执行情况的报告；业务管理级进度控制报告是以某重点部位或重点问题为对象所编写的报告。

项目进度报告的内容主要包括项目实施概况、管理概况、进度概要；项目实际进度及其说明；资源供应进度；项目近期趋势，包括从现在到下次报告期之前可能发生的事件预测等内容；项目成本费用发生情况；项目存在的困难与危机，困难是指项目实施中所遇到的障碍，危机是指对项目可能会造成重大风险的事件。

三、项目进度报告的形式

项目进度报告的形式可分为日常报告、例外报告和特别分析报告。日常报告是根据日常监测和定期监测的结果所编制的进度报告，是项目进度报告的常用形式。例外报告是对项目进度计划执行中的例外情况进行分析所产生的报告。特别分析报告是就某个特殊问题所形成的分析报告。

四、项目进度报告的周期

项目进度报告的周期应根据项目的复杂程度和时间期限以及项目的动态监测方式等因素确定，一般可考虑与定期观测的间隔周期相一致。一般来说，报告周期越短，早发现问题并采取纠正措施的机会就越多。如果一个项目远远偏离了控制，就很难在不影响项目范围、预算、进度或质量的情况下实现项目目标。明智的做法是增加报告的频率，直到项目按进度计划进行。

五、项目进度报告的类别

1. 进度计划执行情况报告

该报告包括报告期各项工作的计划执行状况。

2. 项目关键点检查报告

项目关键点是对项目工期影响较大的时间点，如里程碑事件点。对项目关键点的监测、检查是项目进度动态监测的重点之一。将关键点的检查结果加以分析、归纳所形成的报告就是项目关键点检查报告。

3. 项目执行状态报告

项目执行状态报告反映了一个项目或一项工作的现行状态。

4. 任务进度报告

项目进度报告反映了报告期项目进度的总体概况。

5. 项目管理报告

项目管理报告反映了报告期项目管理的总体状况。

以上报告从不同的侧重点反映项目进度的监测结果，可根据需要选择使用。

第3章

项目费用管理

第 1 节　项目费用计划

学习单元 1　收集编制费用计划所需资料

学习目标

➢ 了解费用计划的概念、作用和构成

➢ 了解费用计划与其他项目管理计划的联系

➢ 了解费用计划的编制依据

➢ 能够收集编制费用计划的相关资料

一、项目费用计划的概念、作用和构成

项目的完成需要多种资源，资源的获取需要一定的费用，即资源的成本。项目费用计划就是在资源规划的基础上，考虑资源成本形成的计划，包括项目费用管理计划和费用基准计划。费用管理计划是在费用估算阶段完成的，用于指导如何管理费用偏差，是项目整体计划的一部分，该计划可以是正式的或非正式的、详细的或

框架性的。费用基准计划是在费用预算阶段完成的，反映按时间变化的预算状况，用于测量和监控项目费用的执行情况。按时段把估算出的费用叠加起来就可以得到费用基准计划，它一般表现为一条S曲线。

二、项目费用计划与其他项目管理计划的联系

1. 与进度计划的联系

在实际工作中，项目费用计划往往是和进度计划同步进行。与客户签订开发合同之后，这两项工作就开始了。首先是项目经理组织项目团队，制定工作分解结构，进行项目范围的确定，在此基础上制订项目进度计划和费用计划。

2. 与项目范围计划的联系

不同的项目有不同的项目目标，不同的项目目标有不同的项目范围计划，因此，项目的费用计划也不同，例如，开发一种新产品的费用要远远大于改良一种老产品的费用。

3. 与质量计划的联系

一般来说，工作质量水平越高，项目费用也越高。在开展项目质量管理活动时，为了提高质量，就需要采用高质量的材料和较为复杂的生产工艺等，这就要增加成本，因此，项目费用计划与项目质量计划之间存在着必然的联系。

三、项目费用计划的编制依据

1. 项目成本估算文件

项目成本估算文件是项目成本估算所形成的结果文件。在项目成本预算工作中，各项工作与活动的预算定额主要是依据这一文件制定的。

2. 项目工作分解结构

工作分解结构图是项目管理最重要的工具之一，是开展其他工作的基础，它针对各个独立单元，进行时间、费用和资源需要量的估算，提高时间、费用和资源估算的准确度。

3. 项目工期进度计划

项目进度计划是为了控制项目的时间，它规定每一任务所需要的时间和每项工作所需要的人数与资源，因此，也是项目费用计划编制的依据。

四、收集编制费用计划所需资料

1. 依据工作分解结构 WBS。

2. 依据资源需求计划和各资源价格。

3. 依据项目的总投资和各项工作的持续时间。

4. 费用定额。

5. 总费用包括人工费和其他费两项，其他费用包括材料费、机械费、运输费、管理费、税金等。

工作分解结构案例

某公司要研发一种新的药品，下面是研发工作分解结构 WBS，见表 3—1。

表 3—1　　**工作分解结构 WBS**　　工期单位：周

工作代码	工作名称	工期
a	产品原理	3
b	开发配方	12
c	产品技术要求	3
d	管理文件	3
e	建立包装概念	8
f	设计包装	6
g	开发加工系统	6
h	开发包装系统	8
i	研究设备需求	4
j	主要设备清单	1
k	采购加工设备	18
l	采购包装设备	8
m	其他设施	4
n	安装加工设备	4
o	安装包装设备	4
p	安装设施	4
q	运行测试	6

出于整体计划的考虑，会计按每人每周 600 元的标准估算成本，产品开发的资源需求计划如下（见表 3—2）。从表中可以看出，根据新产品开发项目每周需要的研发人员、设计人员、制造人员、维修和采购人员的数量和各项工作的周期，可以计算出产品的人力资源费用为 1 129 600 元。各活动每周的材料和直接费用×各活动的工期总和＝2 418 000，则该项目估算的总费用为：

1 129 600＋2 418 000＝3 547 600（元）

表 3—2　　劳动力需求以及其他费用表　　单位：人/周（劳动力需求）

工作代码	工作名称	研究与开发组	设计	产品制造	维修	采购	材料和其他直接费用（元）
a	产品原理	12	1	2	0	0	0
b	开发配方	16	4	0	0	0	500
c	产品技术要求	6	3	1	0	1	0
d	管理文件	12	4	0	0	0	0
e	建立包装概念	8	4	8	0	2	4 000
f	设计包装	5	3	3	0	2	2 000
g	开发加工系统	18	12	3	0	0	0
h	开发包装系统	10	8	8	0	2	0
i	研究设备需求	4	16	2	0	0	0
j	主要设备清单	3	6	2	0	1	0
k	采购加工设备	1	1	1	0	7	40 000
l	采购包装设备	0	1	1	0	9	160 000
m	其他设施	0	1	1	1	6	30 000
n	安装加工设备	2	4	8	4	1	4 000
o	安装包装设备	0	4	8	4	1	8 000
p	安装设施	0	5	5	10	1	50 000
q	运行测试	6	5	6	6	0	0

学习单元 2　识读资源数据图表

学习目标

➢ 了解项目资源数据图表的主要类型及特点

➢ 了解各种项目资源数据图表的优缺点

一、项目资源数据图表的主要类型及特点

1. 资源规划矩阵

资源规划矩阵是项目工作分解结构（WBS）的直接产品，是根据 WBS 对项目资源进行分析、汇总的结果（见表 3—3）。使用时应注意的是，该表可能无法对某

些信息类的资源进行说明。

表 3—3　　　　资源计划矩阵

WBS 结果	资源需求（量）				备注
	资源 1	资源 2	…	资源 n	
工作包 1					
工作包 2					
工作包 3					
⋮					
工作包 n					

2. 资源数据表

资源数据表描绘的是整个项目进度阶段的资源使用和安排情况，而不是对项目所需要资源的一个统计说明（见表 3—4）。

表 3—4　　　　项目资源数据表

需求资源种类	需求资源总量	项目进度阶段（时间）					备注
		1	2	3	…	n	
资源 1							
资源 2							
资源 3							
⋮							
资源 n							

3. 资源横道图

资源横道图直观地显示了各种资源在项目各个阶段的消耗情况，是资源数据表的图形化显示。由于其直观明了，在项目管理工作中被普遍应用，如图 3—1 所示。它的缺点是不能显示出资源利用效率方面的问题。

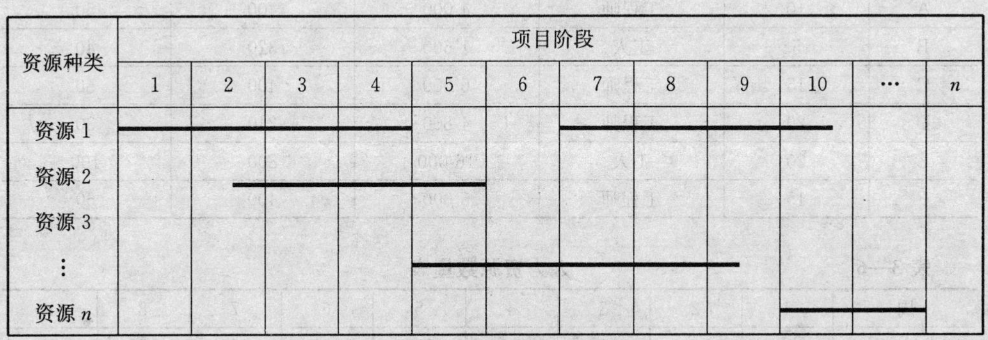

图 3—1　项目资源横道图

4. 资源曲线

资源曲线是表达资源计划的一种形式，主要有资源负荷曲线和资源累计负荷曲线两种类型。资源负荷曲线表达了项目在不同时间对某种资源的需求量，资源累计负荷曲线表达了项目在不同时间对某种资源的累计需求量。

二、识读资源数据图表案例

某项目的横道图计划如图3—2所示，该项目时间及工作量见表3—5。根据项目的横道图绘制该项目实施期间的人力资源数量负荷图（时间单位为周，每周按5个工作日计算）。

分析：

1. 根据表3—5计算各项工作平均每天的工作量及每天需要安排的人数，得出计算结果（见表3—6）。

2. 根据横道图计算项目在不同时间所需要的人力资源数量（见表3—6）。

3. 根据表绘制人力资源负荷图，结果如图3—3所示。

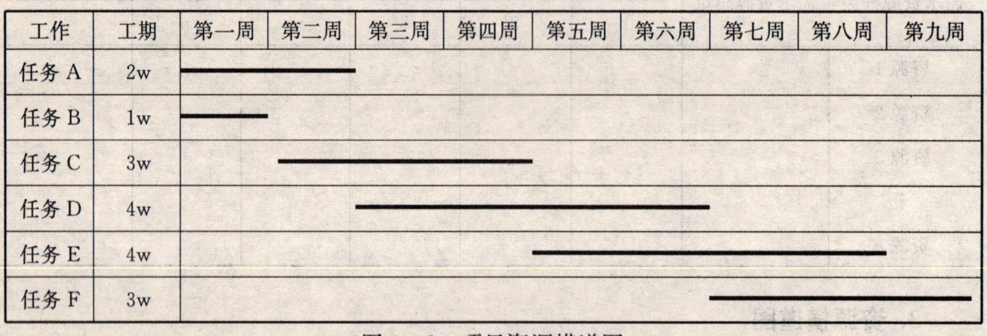

图3—2　项目资源横道图

表3—5　　项目资源数据表

工作	工作时间（天）	人力资源	工作量（工时）	平均工作量（工时/天）	每天需安排人数
A	10	工程师	4 000	400	50
B	5	工人	1 600	320	40
C	15	工程师	6 000	400	50
D	20	工程师	4 800	240	30
E	20	工人	16 000	800	100
F	15	工程师	6 000	400	50

表3—6　　人力资源数量表

周	1	2	3	4	5	6	7	8	9
需求量（人）	90	100	80	80	130	130	150	150	50

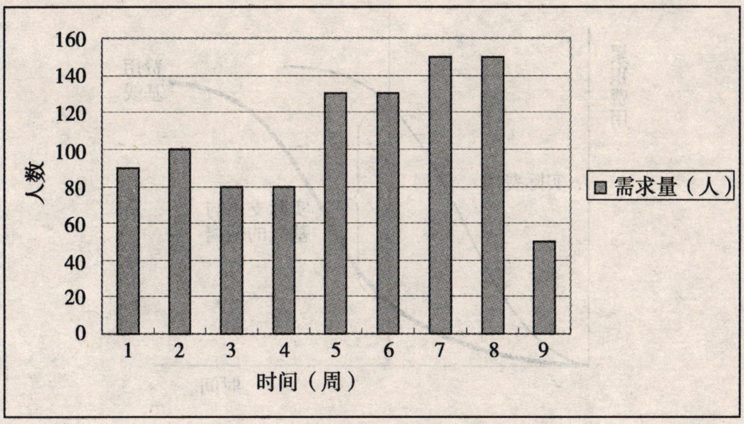

图 3—3 人力资源负荷图

第 2 节 项目费用计划执行

学习单元 1 记录项目费用计划的执行情况

学习目标

➢ 掌握费用基线的相关知识

➢ 能够标注项目费用计划执行情况

项目费用计划执行情况一般是通过费用基线的方法来表现。费用基线是一项面向阶段时间的预算，主要用于测量和监控项目费用执行情况，是按阶段估算的费用汇总后制订的，一般用 S 曲线表示。

这里的阶段时间可以按里程碑之间的时间来计算，也可以按一定的日历或按工作包工期来计算。每期的费用估算是根据组成该工作包的各项工作的进度确定的，当工作包的预算成本确定以后，就能确定在何时使用了多少预算，这个值是通过截至某期的每期预算费用累计得出的，称为累计预算费用，是以到某期为止按进度计划完成的工期预算值，作为费用使用绩效的基准，如图 3—4 所示。

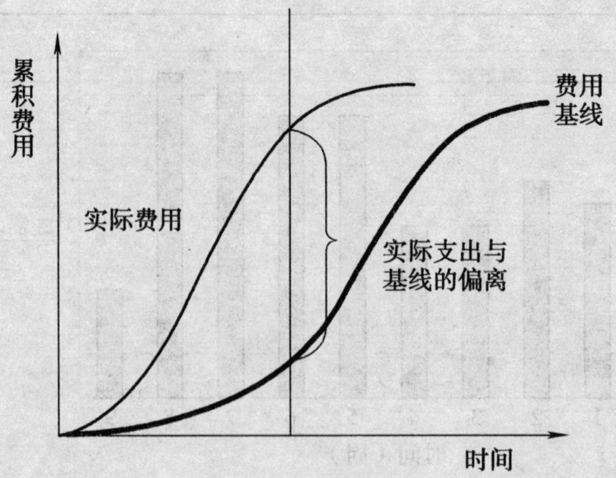

图 3—4　费用基线

记录项目费用计划执行情况的案例

某工程项目历时 77 周，项目费用负荷图如图 3—5 所示，费用累计曲线如图 3—6 所示，其中标出了开工 50 周的实际费用。

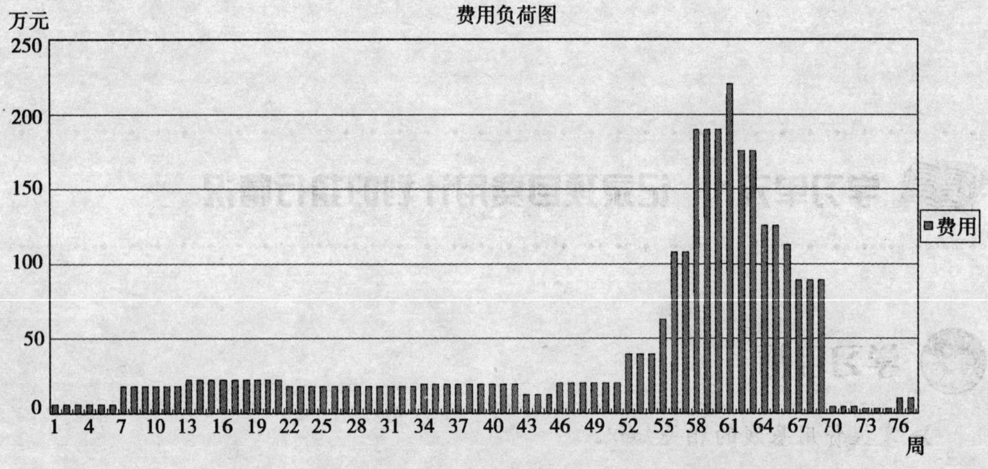

图 3—5　费用负荷图

在工程的施工过程中，项目部经常对进度及费用执行情况进行检查，在开工 5 个月后，对项目施工进行检查和项目进度报告中发现：项目实际发生工程成本 1 090万元，与原计划的 865 万元预期相差了 225 万元。

费用负荷图以及费用累计曲线需要定期或不定期地计算 ACWP、BCWP 和 ECWP 三个技术指标。除了日渐普及的工程计价软件提供了技术支撑外，目前普遍采用工程量清单计价的工程项目为技术指标的确定提供了更多便利。首先，详细的标前施工组织设计。为了准确计算措施项目费和管理费而进行合理报价，投标人一般都编制较为详细的标前施工组织设计，结合企业定额，可以准确地计算计划

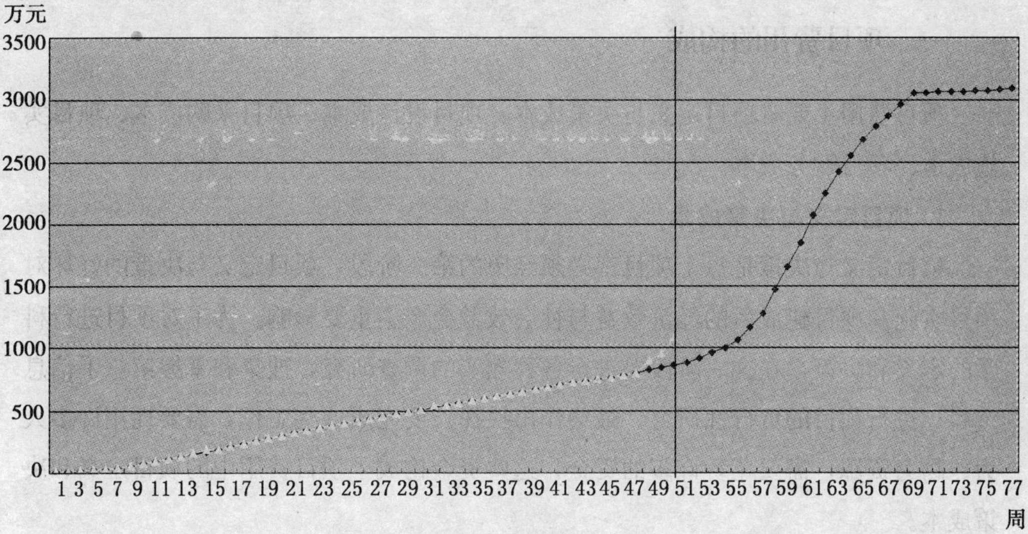

图 3—6　费用累计曲线

成本 ECWP。其次，固定单价合同。《建设工程工程量清单计价规范》（GB 50500—2003）规定，工程量变化不超过合同约定幅度，已有项目投标单价一般不再调整。项目实施过程中任意时刻都可以根据所完成的工程量及时、准确地计算已完成工作的预算费用 BCWP。最后，施工工程量。除了业主清单提供的清单工程量外，承包商还要根据施工方案另行计算施工工程量，为计算已完工作的计划成本 ECWP 和已完工作的实际成本 ACWP 提供了方便。

通过检查项目费用的执行情况，可以有效地监测项目管理过程中的成本支出，评价成本。

学习单元 2　测量费用计划执行状况

学习目标

➢ 了解项目费用的主要构成

➢ 能够归集项目检查点的发生费用

一、项目费用的构成

项目费用主要有项目定义与决策成本、项目设计成本、项目采购成本、项目实施成本、项目财务成本。

1. 项目定义与决策成本

项目定义与决策是每个项目都必须经历的第一阶段，项目定义与决策的好坏对项目实施和项目建成后的经济效益与社会效益会产生重要影响。为了对项目进行科学的定义和决策，在这一阶段要进行各种翔实的调查研究，搜集和掌握第一手信息资料，进行项目的可行性研究，最终作出抉择。要完成这些工作，需要耗用许多人力、物力资源，需要花费许多的资金，这些资金构成了项目费用中的项目定义和决策成本。

2. 项目设计成本

根据项目的可行性研究报告，经过分析、研究和试验等环节以后，项目就可以进入设计阶段了。任何一个项目都要开展项目设计工作，不管是工程建设项目、新产品开发项目，还是科学研究项目。这些设计工作同样要发生费用，同样是项目费用的一个重要组成部分，通常被称为项目设计成本。

3. 项目采购成本

项目采购成本是指为获得项目所需的各种资源，项目组织必须开展的询价、选择供应商、广告、承发包、招投标等一系列的工作。对于采购项目所需商品的询价、供应商选择、合同谈判及合同履约的管理需要发生费用，对于项目所需劳务的承发包，从发标、广告、开标、评标、定标、谈判到签约和履约，同样也需要发生费用。这些就是项目为采购各种外部资源所需要花费的成本，即项目的采购成本。

4. 项目实施成本

在项目实施过程中，为生成项目产出物所耗用的各项资源构成的费用，统一被称为项目实施成本。这既包括在项目实施过程中所耗费的物质资料成本，也包括项目实施中所消耗的人力成本。

5. 项目财务成本

为了使项目能够顺利进行，为了满足项目对资金使用的需求，就需要进行筹资由此产生的借贷利息等，在财务管理中应当计为财务费用，但由于该项筹资行为是由于项目的实施直接引发的，因此，应计入项目成本之中。

二、项目费用的初步统计

在会计学上一般存在两种成本费用统计方法：全部成本法和变动成本法。

1. 全部成本法

全部成本法就是在计算单位成本时，将单位的变动成本和固定费用全部包括在内的方法。采用全部成本法可以刺激企业提高生产的积极性，但是不能反映企业的真实业绩。

项目成本一般按照全部成本归集。

2. 变动成本法

变动成本法就是在计算单位成本时，只将单位的变动成本包括在内，而不包括固定生产成本，固定生产成本必需费用则计为期间成本处理，作为“贡献毛益总额”的减项。这种方法便于分清各部门的经营责任，有利于进行成本控制和业绩评价，便于加强日常管理，但是不符合传统成本概念的要求。

三、归集项目当前发生的费用

完全成本法是在计算项目成本时，把一定期间内所消耗的直接材料、直接人工、变动制造费用和固定制造费用等全部成本都包括在内的成本计算方法。

例如，某工程项目开工后 5 个月 110～130 工作实际费用见表 3—7。

表 3—7　　项目实际费用记录表

工作名称		人力资源		数量（人）		人力资源费用（万元）	材料等费用（万元）	总费用（万元）
		资源 1	资源 2	资源 1	资源 2			
110 施工准备		工程师	工人	4	20	7.2	16.8	24
120 基础工程	121 土方开挖	工程师	工人	8	50	16.8	79.2	96
	122 基础施工	工程师	工人	5	40	18.9	161.1	180
130 主体结构工程	131 一层主体结构工程	工程师	工人	5	40	25.2	166.8	192
	132 二层主体结构工程	工程师	工人	5	40	18.9	134.1	153
	133 砌筑工程	工程师	工人	3	40	17.1	72.9	90

第 3 节　项目费用控制

学习单元 1　识别项目费用偏差

学习目标

➢ 了解项目费用偏差的概念
➢ 掌握项目费用偏差的识别方法

一、项目费用偏差的概念

费用偏差（cost variance）在项目管理中有两种含义：一种是任何一项工作的估算费用与此项工作的实际费用的差值；另一种是在挣值法（earned value analysis）中，指已完成工作预算成本和已完成工作实际成本的差值。在实际使用时，可以根据上下文内容确定它的具体含义。

费用偏差仅仅反映了项目运行费用方面的偏差，还不足以真实反映项目运行的整体状况。它还需要与其他因素，如进度偏差、工作质量状况等结合起来综合判断，以全面反映项目的真实情况。

二、费用偏差的识别方法

费用偏离的计算要经过 4 个步骤：

1. 确定计算的时间点 t。

2. 确定 t 时刻预算费用。

3. 确定 t 时刻发生的实际费用。

4. 计算 t 时刻费用偏离。

$$t\text{ 时刻费用偏差}=t\text{ 时刻预算费用}-t\text{ 时刻发生的实际费用}$$

如果费用偏差大于零，表示项目费用节约；如果费用偏差小于零，表示项目费用超支。

这里预算费用可以从费用基准计划和预算变更中得到，发生的实际费用可以从相应费用控制部门得到，这些费用都必须经过审核。

学习单元 2 报告项目费用偏差

学习目标

- 了解项目费用偏差报告的作用
- 掌握项目费用偏差报告的方法

一、项目费用偏差报告的作用

在项目管理过程中，需要提供定期或不定期的成本费用报告。成本费用报告的作用有以下 3 个方面：

1. 反映和控制项目支出情况。
2. 发现和预测超支。
3. 确定是否追加投资。

二、项目费用偏差报告的方法

项目费用偏差报告的方法有以下几个方面：

1. 项目费用偏差报告分为几个层面，每一个层面面对不同的对象和不同的范围，各个层面的报告是定期提供，包括周、月或年度等。

2. 项目费用偏差报告也有反映特殊情况的例外报告，它存在的比例较小，但是作用非常重要，用于针对紧急事件。

例如，某项目成本构成比率（见表 3—8）。

表 3—8　　　　成本构成比例表

成本项目	预算成本		实际成本		增加成本	
	金额（元）	比例（%）	金额（元）	比例（%）	金额（元）	占总项目比例（%）
直接费用	18 004 700	92.38	18 957 100	93.20	952 400	4.68
1. 材料费	14 095 100	72.32	15 098 400	74.23	1 003 300	4.93
2. 人工费	1 789 200	9.18	1 704 500	8.38	−84 700	−4.02
3. 机械使用费	1 344 700	6.90	1 314 000	6.46	−30 700	−0.15
4. 其他直接费	775 700	3.98	840 200	4.13	64 500	0.32
间接费用	1 485 100	7.62	1 383 000	6.80	−102 100	−0.50
成本总量	19 489 800	100.00	20 340 100	100.00	850 300	4.18

从表 3—8 中可以看出，项目管理中，提供定期或者不定期的成本费用报告可以反映和控制项目偏差情况，发现和预测超支情况，并决定是否追加投资，对以后项目的实施起到指导作用。

第 4 章 项目质量管理

第 1 节 项目质量计划

学习单元 1 项目质量管理的基本知识

学习目标

➢ 掌握与质量管理相关的基本概念

➢ 掌握项目质量管理过程

➢ 掌握现代质量管理理念

一、质量的含义

我国国家标准 GB/T 1900—2000 对质量的定义是：一组固有特性满足要求的程度。

质量不仅指产品，也可以是某项活动或过程的工作质量，还可以是质量管理体系运行的质量。

质量还包括以下含义：

1. 质量的主体和客体

质量的主体是产品、体系、项目或过程，质量的客体是顾客和其他相关方。

2. 质量的关注点是一组固有特性，而不是赋予特性

对产品来说，例如水泥的化学成分、细度、凝结时间、强度就是固有特性，而价格和交货期是赋予特性；对过程来说，固有特性是过程将输入转化为输出的能力；对质量管理体系来说，固有特性是实现质量方针和质量目标的能力。

3. 质量是满足要求的程度

要求包括明示的、隐含的要求和期望以及必须履行的义务。明示的要求，一般是指在合同环境中，用户明确提出的需要或要求，通常是通过合同、标准、规范、图纸、技术文件所作出的明确规定。隐含的要求是指组织、顾客和其他相关方的惯例或一般做法，有时需要加以识别和确定。具体说，是指用户或社会对实体的期望以及人们所公认的、不言而喻的、不必作出规定的需要。例如，住宅的平面布置要方便生活，要能满足人们最起码的居住功能要求（保温、隔热、防风雨等）就属于隐含需要。必须履行的义务是指按法律法规的要求，合同双方必须履行的义务。

4. 质量的动态性

质量要求不是固定不变的，随着技术的发展，生活水平的提高，人们会对产品、项目、过程或体系提出新的质量要求。因此，应定期评定质量要求，修订规范，不断开发新产品，改进老产品，以满足已变化的质量要求。

5. 质量的相对性

不同国家、不同地区、不同项目，由于自然环境条件不同，技术发达程度不同，消费水平不同和风俗习惯不同，会对产品（项目）提出不同的要求，产品（项目）应具有这种环境适应性。

二、顾客满意的含义

国家标准 GB/T 1900—2000 对顾客满意的定义是：顾客对其要求已被满足的程度的感受。可以用多种方式对顾客的满意程度进行测量，根据测量的结果制定出需要开展的活动或进一步改进的措施。

理解术语“顾客满意”要注意：顾客抱怨是满意程度低的最常见的表达方式，但没有抱怨并不一定表明顾客很满意；即使顾客的要求得到满足，也不一定确保顾客很满意。

三、质量管理的概念

国家标准 GB/T 1900—2000 对质量管理的定义是：在质量方面指挥和控制组织的协调活动。

质量管理的首要任务是确定质量方针、目标和职责，核心是建立有效的质量管理体系，通过具体的 4 项活动，即质量策划、质量控制、质量保证和质量改进，确保质量方针、目标的实施和实现。

质量管理是项目组织围绕着使项目可交付成果能满足不断更新的质量要求而开展的策划、组织、计划、实施、检查、监督和审核等所有管理活动的总和。

质量管理应由项目经理负责，由参加项目的全体员工参与并从事质量管理活动，才能有效地实现预期的方针和目标。

1. 质量方针

质量方针是指“由组织的最高管理者正式发布的该组织总的质量宗旨和方向”。它体现了该组织的质量意识和质量追求，是组织内部的行为准则，也体现了顾客的期望和对顾客作出的承诺。质量方针是总方针的组成部分，由最高管理者批准。

2. 质量目标

质量目标是指“在质量方面所追求的目的”，它从属于质量方针，是落实质量方针的具体要求，应与成本目标、进度目标相协调。质量目标应分解落实到各部门及项目的全体成员，以便于实施、检查和考核。

3. 质量管理体系

质量管理体系是指“在质量方面指挥和控制组织的管理体系”。质量管理体系的各组成部分是相互关联的，其内容要以满足质量目标的需要为准，质量管理体系是实施质量方针和目标的管理体系。质量管理体系在项目内外发挥着不同的作用，对内实行质量管理，对外实行外部质量保证。

四、项目质量管理的概念

项目质量管理是为满足项目利益相关者的需要而开展的对项目可交付成果的质量和项目工作质量的全面管理工作。

项目质量管理涵盖了全面质量管理职能的所有活动，这些活动决定着质量方针、目标和责任，并在质量管理体系中通过质量计划编制、质量控制、质量保证和质量改进等措施决定对质量方针的执行，对质量目标的完成以及对质量责任的履行。

项目质量管理过程包括：

质量计划编制——确定与项目相关的质量标准，并决定如何满足这些标准。

实施质量保证——定期对项目质量计划执行情况所进行的评估、审核与改进等工作。

实施质量控制——确定项目质量实施情况是否符合相关质量标准，并制定措施使其达到质量标准。

五、现代质量管理理念

1. 用户满意是检验和衡量质量优劣的基本尺度

让用户满意是市场经济条件下质量的新观念。20 世纪 90 年代出现于美国的让用户满意理念已被世界各国所认同。项目管理必须面向用户，要了解和研究用户的需求，想用户之所想，急用户之所急，为用户服务，把满足用户需要放在项目管理的首位。

2. 质量是干出来的不是检验出来的

如果单纯依靠事后检查、剔除废品，这种质量管理的效能是有限的，检验只能发现问题的结果，不能挽回损失。项目中的所有工作都是通过过程来完成的，因此，要把单纯的质量检验变为过程管理，使质量管理从“事后”转到“事前”和“事中”，以预防为主。

3. 质量管理必须坚持“三全管理”

传统的质量管理认为，质量管理是生产和质量检验部门的事，重点放在过程管理和质量检验上。“三全管理”则要求做到全面、全员、全过程的质量管理。一是全面的质量管理，即管理的对象是全面的，要求不仅要管好产品质量、项目质量，还要管好工作质量。二是全员管理，项目可交付成果质量是项目各环节全体员工的工作和活动质量的综合反映，任何一个环节员工的工作或活动质量，都会不同程度、直接或间接地影响项目可交付成果的质量。因此，必须把全体员工的积极性充分调动起来，履行各自的质量责任，才能使用户满意。三是全过程管理，质量形成于项目实施的全过程，因此，必须全面管理质量形成全过程中各个环节的工作和活动，把影响质量的因素和可能造成不合格品的因素，消灭在质量形成的过程中。

4. 质量管理必须坚持 PDCA 循环

项目质量管理要求采用一套科学的程序来处理问题，按 PDCA 循环来开展工作，即计划（P）→实施（D）→检查（C）→处理（A）四个阶段周而复始地进行质量管理，这样，通过一次次的循环，便能将质量管理活动推向一个新的高度，使项目管理的质量不断得到改进和提高。

5. 营造质量文化

质量文化是企业文化的重要组成部分，是指企业和社会在长期的生产经营活动中自然形成的一系列有关质量问题的意识、规范、价值取向、行为准则、思想方式及风俗习惯等形态软件的总和。从狭义上讲，质量文化是以质量为中心，建立在物质文化基础上，与质量意识和质量活动密切相关的精神活动的总和。质量好坏体现了一个组织的质量文化素质，每一个想要成功的组织都要有自己的质量文化，以质量文化来推动质量的提高。

6. "零缺陷"管理

"零缺陷"理论是克罗比斯创立的，他的名言是"第一次就做对"。按照"零缺陷"概念，克罗比斯认为任何水平的质量缺陷都不应存在。

以"零缺陷"为质量工作的最高目标，进而发展成"零缺陷自我改善运动"，逐步形成一整套基于"零缺陷"的管理思想。

三洋制冷采用了和绝大多数企业完全相反的质量管理方法，取消工序检查员，把"质量三确认原则"作为质量管理的最基本原则，即每一位员工都要"确认上道工序零部件的加工质量，确认本工序的加工技术质量要求，确认交付给下道工序的产品质量"，从而在上下工序间创造出一种类似于"买卖"关系的特有的管理现象。"三确认原则"将单纯的事后控制变为事前预防、事中控制、事后总结提高的管理模式。

7. 塑造质量形象

市场竞争从本质上讲是组织形象的竞争，而组织形象的竞争又主要是质量形象的竞争。质量代表了一个组织的形象，代表了一个组织的精神。有了良好的质量形象，再通过广泛的社会活动的参与，就会通泰顺达；相反，如果没有高质量的产品（项目），仅靠广泛的社会活动参与效应就取得良好的质量形象是不可能的。组织要保持持久生命力并在市场上立于不败之地，就必须塑造良好的质量形象。

学习单元 2　收集编制质量计划所需资料

学习目标

➢ 掌握质量计划的作用及要求

➢ 掌握质量计划的内容

➢ 掌握质量计划的编制依据

➢ 能够收集编制质量计划所需资料

一、质量计划的作用及要求

1. 质量计划的作用

(1) 质量计划可以作为一种工具。当用于项目组织内部时，应确保项目要求纳入质量计划；在合同情况下，质量计划应能向顾客证实具体的特定要求已被充分阐述。

(2) 编制并执行质量计划，有利于实现规定的质量目标和全面、经济地完成合同的要求。

(3) 质量计划编制过程实际上是各项管理和技术工作协调的过程，这将有助于提高管理效能。

(4) 质量计划可作为质量审核、评定、监督的依据。

2. 编制质量计划的一般要求

(1) 在编制质量计划时应处理好与质量手册、质量管理体系、质量策划的关系。

(2) 当一个组织的质量管理体系已经建立并有效运行时，质量计划仅需涉及与项目有关的活动。

(3) 为满足顾客期望，应对项目或可交付成果的质量特性、功能进行识别、分类、衡量，以便明确目标值。

(4) 应明确质量计划所涉及的质量活动，并对其责任和权限进行分配。

(5) 保证质量计划与现行文件在要求上的一致性。

(6) 质量计划应由项目组织的技术负责人主持，由质量、技术、工艺、设计、采购等有关人员参加制订。

(7) 质量计划应尽可能简明和便于操作。

二、质量计划的内容

1. 编制依据。编制依据包括项目的质量方针，为保证项目质量所使用的标准、规范、规程等。

2. 项目概况。说明项目规模、范围、性质以及对项目的总体要求。

3. 质量目标。项目质量目标包括总目标和具体目标。总目标说明项目要达到的总体质量水平；具体目标包括性能性目标、可靠性目标、安全性目标、环境性目标等。

4. 合同评审。计划应指明项目的特定要求是何时、如何以及由谁来评审。

5. 设计控制。计划应引用合适的标准、法规、规范、规程要求，指明何时、如何以及由谁来控制。

6. 采购。指明重要物品从哪里采购以及相关的质量要求；评价、选择和控制供应商的方法；如何检验采购物品。

7. 过程控制。指明如何控制项目各过程以满足规定的要求；关键和特殊控制点及管理方法；与各过程相适应的检验、试验、测量、验证要求。

8. 不合格品的控制。指明如何标识和控制不合格品。

9. 纠正和预防措施。为避免不合格品的重复出现，应指明针对项目的预防和纠正措施以及跟踪活动。

10. 质量记录的控制。指明记录采用的方式；如何满足记录的清晰度、存储、处置和保密性要求；规定记录保存时间及由谁保存。

11. 质量审核。指明所进行的质量审核的性质和范围以及如何使用审核结果以纠正和预防影响项目的不良因素的重复出现。

三、质量计划的编制依据

1. 适用的法律、法规、规程、标准、规范。

2. 组织的质量方针。

3. 质量策划。

4. 质量基准。

5. 项目合同。

6. 项目范围说明书。

四、收集编制质量计划所需资料

在收集编制质量计划所需资料时，首先由相关的质量标准开始，通过参照或依据实施项目组织的质量策划、项目范围说明书、产品说明书作为编制质量计划的依据；然后收集适用本项目的法律、法规、规程、标准、规范；接下来研究分析合同文件、设计文件对项目质量的要求，收集现行的质量文件；最后收集上级组织对本项目质量方面的要求及有关资源的状况。

学习单元3 填写质量检查表

学习目标

- 掌握质量数据特征值知识
- 掌握质量数据分类知识
- 能够填写质量检查表

进行质量管理就要掌握大量的数据，这是进行质量管理的必要条件。通过对质量数据的整理和分析，可以帮助我们发现问题，认识事物的规律。因此，数据是进行质量管理的依据。

一、质量数据特征值

在项目质量管理中，为了解工序、可交付成果的质量状况，经常要运用数理统计方法对质量数据进行系统整理分析。数理统计方法在质量管理中的用途之一是提供表示事物的统计特征值，如平均值、中位数、极差、标准差、百分率等。

1. 算术平均值

在质量管理中，平均值是经常应用的，对于母体的平均值常用字母 μ 表示，对于子样的平均值常用 $\mathrm{\overline{X}}$ 表示，$\mathrm{\overline{X}}$ 一般情况下讲产品质量的好坏，往往都是指平均值。

一般用算术平均值来表示数据集中的位置，可按下式计算：

$$\overline{X} = 1/n(X_1 + X_2 + \cdots + X_n) = 1/n\sum_{i=1}^{n} X_n$$

式中 $\overline{X}$——算术平均值；

n——数据数量。

2. 标准差

标准差反映数据分散的程度。通常用于母体的标准差用 σ 表示，对于子样（一般指 20～100 个）的标准差用 S 表示，S 可按下式计算：

$$S=\sqrt{\frac{1}{n-1}\sum_{i=1}^{n}(X_i-\overline{X})^2}$$

式中　S——标准差；

$(X_i-\overline{X})$——第 i 个数据与平均值 $\overline{X}$ 之间的离差；

n——数据的数量。

二、数据的分类

从质量管理的需要出发，按各种数据的应用目的，大体可分为掌握现状用的、分析问题用的、管理生产状态用的、评定质量用的等几类。

对质量特性进行测定，所得到的数据不会是固定不变的，总是有波动的，这是由于项目实施中有大量的变动因素存在，例如，原材料、机械设备、工作条件、环境条件、操作者水平的不同，都是形成波动的原因。

三、质量检查表

质量检查表又叫岗位检查表，是为了确保岗位人员能够有效、全面、彻底地执行质量标准而制定的一种岗位作业指导书。它把岗位质量要求转化为具体、明晰且易于理解、执行的条款，岗位人员按照它对产品（项目）作业过程进行检查，而不需查阅繁多的标准。质量检查表因其简洁、可操作性强而成为提高产品质量和产量、降低人工成本、增加项目效益的捷径，并被广泛应用。

由于项目行业不同，项目可交付成果形态不同，就形成了多种多样的质量检查表。

下面列举几种不同的质量检查表，表 4—1 是工程建设强制性标准执行情况检查表（设计部分），表 4—2 是轴承不合格品分类检查统计表。

四、填写质量检查表的要求

如果质量检查表有填表说明或填表要求，则按要求填写。如无说明或要求，一般按下列要求填写：

1. 填写内容应真实、具体、准确、完整、无重大遗漏。

2. 字迹应工整、规范、笔画均匀、不潦草、不连笔，不得涂改。

表 4—1　　工程建设强制性标准执行情况检查表

（设计部分）

省（市、县）：

序号	检查项目	检查内容	评价			备注
			符合	基本符合	不符合	
一	建筑设计和建筑防火					
1	基本安全和公共利益	楼梯间、栏杆、窗台、走道、出入口设计				
2	屋面防水	防水等级、防水材料和措施				
3	防火标准及措施	耐火等级、构件耐火极限、平面布置、建筑构造和疏散				
二	结构体系及设防标准					
1	设防标准	抗震等级和场地类别				
2	结构类型控制	最大高度、高宽比				
3	体型规则性	平、竖向规则性，地震作用传递途径				
三	混凝土结构构件					
1	基本构造	节点构造与连接				
2	框架梁柱	框架梁柱尺寸、配筋率和箍筋加密构造				
3	悬挑构件	荷载和锚固构造				
四	砌体结构构件					
1	墙段承载力	墙段局部尺寸、墙体高厚比、横墙间距				
2	构造柱、圈梁设置	是否按烈度、层数、开间大小设置				
五	建筑节能					
1	建筑物体形系数	条式建筑（体形系数应≤0.35）				
		点式建筑（体形系数应≤0.40）				
2	外围护结构传热系数 K 值（W/m²·℃）	墙体				
		门窗				
		屋面				
六	违反工程建设强制性标准情况的说明					
检查意见	好______ 中______ 差______					

检查组成员签字：　　　　　　　　　　　　　　检查日期：

表 4—2 轴承不合格品分类检查统计表

产品	规格	总产量	不合格品数	不合格品率	尺寸精度		旋转精度					噪声	灵活性	残磁	游隙	硬度	其他
					外径	内径	内端面摆	内沟侧摆	内径向摆	外沟侧摆	外径向摆						

3. 填写数据应真实、准确、可靠，一般用阿拉伯数字。

4. 原始记录完整，不得伪造原始记录，篡改检测数据。

5. 所有栏目均应填写，无此项内容可填“无”。

6. 表格内的时间应填写完整（年、月、日）；天气可填晴、多云、阴、雨、雪等；气温应如实填写。

7. 表头的单位名称、项目名称应填全称。

8. 表尾应填检查人姓名。

9. 使用钢笔或签字笔填写。

第 2 节 项目质量保证

学习目标

➢ 掌握可交付成果的概念

➢ 掌握质量数据采集、记录的基本知识

➤能够记录可交付成果质量数据

一、可交付成果的概念

可交付成果是在项目管理规划文件中记录，为了完成项目而必须生成和提交的独特产品、成果或提供服务的能力，也包括附带结果，如项目管理报告和文件。任何没有明确要求的结果都意味着它在项目可交付成果之外。可交付成果是有形的且可测量的结果、成果、产品或服务，必须生成它们才能完成项目或项目的一部分。

项目的每一个阶段都以它的某种可交付成果的完成为标志。例如，建设项目的可行性研究阶段要交付可行性研究报告，药物开发项目的选定药物来源阶段要作出新药样品制剂等。通常前一阶段的可能性交付成果被批准后，才能作为依据开始下一阶段的工作。例如，可行性研究报告批准后才能开始规划与设计，新药样品制剂鉴定后才能开始动物试验。

项目不同可交付成果的差别会很大，如一个软件开发项目的可交付成果可能包括程序代码、工作手册、人机交互学习程序等；而一个工程的可交付成果可能包括分项工程、分部工程、单位工程等。

二、质量数据采集、测量要求

数字、文字、图形、符号、影像等都是数据。数据是客观事物的表示，是信息的载体，而信息则是数据内在的含义，是数据的内容和解释。

数据是否可用和可信，这是数据的两个层面。是否可用是指数据的格式、内容等能否被读取和使用，能不能很方便地进行深入处理和分析；是否可信则是指数据在适用性、准确性、完整性、及时性和有效性方面能否满足要求。可用是技术层面的问题，只要通过技术手段使数据规范化、格式化，按照规定要求组织和存放，数据就能达到可用标准；而可信是数据的质量问题，需要通过管理手段、技术手段等各方面的努力来解决。

质量数据是关于质量方面的数字、文字、图形、影像等，质量数据与数据的特性是一致的。

质量数据采集分自动化测量和手工测量两类。手工采集数据不仅自动化程度低，而且测量精度难以保证，工作效率低，测量结果易受人为因素影响。采用计算机数据采集系统，具有快速、准确和可靠等特点。自动化测量分为在线测量和离线测量。在轿车、移动通信、数控机床等行业中，采用自动化设备能自动准确记录生产现场信息，把采集到的数据以一定格式存储到数据库中。

质量数据从功能上可以分为基础数据和动态数据。基础数据主要包括设备信息、员工信息、产品（项目）信息、不良信息、检验项目和检验依据等。动态质量数据的输入主要通过自动采集方式获得（数据采集系统），同时提供条码扫描录入、手工录入等方式。动态质量数据可以分为两类，计数型检测值和计量型检测值。计数值：产品（可交付成果）用件数或点数来表示；计量值：产品（可交付成果）须经实际测量或测试而取得的连续性实际值。

质量数据采集、测量要求可归纳为：

1. 时间

在什么时间采集、测量，采集、测量的时间间隔是多长。

2. 地点（部位）

在什么地点（部位）采集、测量。

3. 环境

对采集、测量环境有什么要求。

4. 方法

用什么工具、器具、仪器、仪表、软件等。

5. 精度

所采集、测量的质量数据精度有什么要求。

6. 数据

质量数据应满足完整、规范、及时、准确的要求。

三、测量、记录可交付成果质量数据

要满足对质量数据采集、测量的要求，首先，应对采集、测量员进行业务培训，使其熟悉采集、测量对象，确定采集、测量质量信息的内容；其次，是熟练掌握采集、测量的方法；再次，是对所采集、测量成果按要求用数字、文字、图形、符号、影像等记录下来。

例如，某项目需要对某种零件进行加工。下面是对该零件尺寸实测数据的记录（见表 4—3）。

此案例测量的对象是零件，需要测量的质量特性是零件的加工尺寸，所采用的测量工具是量尺，最后将测得的数据填入事先准备好的表格中。

表 4—3　　零件尺寸实测值

顺序	数据	最大值	最小值
1	215　217　197　200　214	217	197
2	203　209　226　210　204	226	203
3	214　211　231　204　221	231	204
4	216　200　227　198　229	229	198
5	229　205　226　210　227	229	205
6	219　196　201　229　230	230	196△
7	230　214　217　234　224	234 *	214

注：表中“*”为最大实测值，“△”为最小实测值。

第 3 节　项目质量控制

学习单元 1　项目质量控制的基本概念

学习目标

- ➢ 掌握项目质量控制的基本概念
- ➢ 掌握预防与检查的差别
- ➢ 掌握偶然因素与系统因素的差别
- ➢ 掌握控制线的概念

一、项目质量控制的基本概念

项目质量控制就是对项目的实施情况进行监督、检查和测量，并将项目实施结果与事先制定的质量标准进行比较，判断其是否符合质量标准，找出存在的偏差，分析偏差形成原因的一系列活动。项目质量控制贯穿于项目实施的全过程。

二、预防与检查的差别

预防是为了将错误排除在过程之外，检查是将错误排除在送达客户之前。

三、偶然因素与系统因素的差别

偶然因素的种类繁多，是对产品质量经常起作用的因素，但它们对产品的质量影响并不大，不会因此造成废品。偶然因素引起的差异又称随机误差，这类因素既不易识别，也难以消除，或在经济上不值得消除。偶然因素包括原材料的微小差异，机具设备的正常磨损，工人操作的微小变化，温度、湿度微小的波动等。

系统因素的种类也很多，如原材料的规格、品种有误，机具设备发生故障，操作不按规程等。这类因素对质量影响较大，易造成废品和次品；但较易识别，应加以避免。

四、控制线的概念

为对过程质量特性值进行测定、记录、评估，从而监察过程是否处于控制状态的一种用统计方法设计的图称为控制图。控制图有中心线（CL）、控制上限（UCL）和控制下限（LCL），并有按时间顺序抽取的样本统计量数值的描点序列，如图 4—1 所示。国际上大多数国家以"3σ"原理来确定控制界限，并认为是最经济合理的方法。

中心线 CL=μ，则：

$$UCL=\mu+3\sigma$$

$$LCL=\mu-3\sigma$$

式中　μ——正态分布平均值

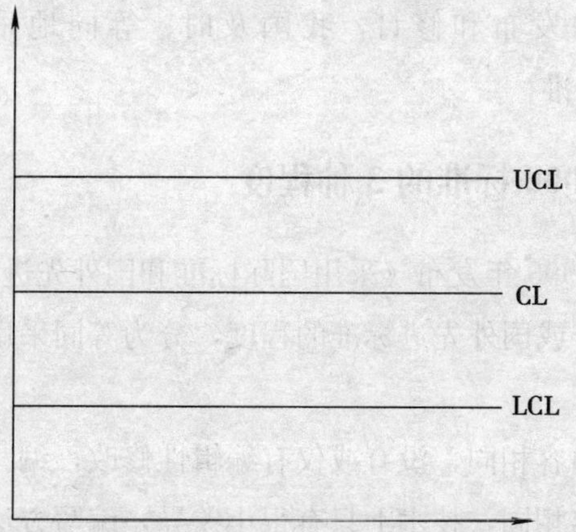

图 4—1　控制图

学习单元2 ISO 9000（GB/T 19000）质量管理标准

学习目标

- 掌握ISO 9000的含义
- 掌握采用ISO 9000标准的3种程度
- 掌握GB/T 19000标准的构成
- 掌握GB/T 19000标准的作用

一、ISO 9000的含义

ISO是国际标准化组织（international organization for standardization）的缩写，凡是由国际标准化组织发布的标准，均冠以ISO。国际标准化组织（ISO）于1987年发布了通用的ISO 9000《质量管理和质量保证》标准，该系列标准得到了国际社会和国际组织的认可和采用，已成为世界各国共同遵守的工作规范。此后国际标准化组织（ISO）又不断地对其进行补充、完善、修订，形成了ISO 9000族国际标准现阶段正对ISO 9000族核心标准ISO 9001：2000进行修正（仅作补充），对ISO 9004：2000进行修订（改版修订）。

随着ISO 9000的发布和修订，我国及时、等同地采用此标准，发布了GB/T 1900：2000版标准。

二、采用ISO 9000标准的3种程度

国家技术监督局1993年发布《采用国际标准和国外先进标准管理办法》，规定我国标准采用国际标准或国外先进标准的程度，分为等同采用、等效采用和非等效采用。

等同采用指技术内容相同，没有或仅有编辑性修改，编写方法完全相对应；等效采用指主要技术内容相同，技术上只有很小差异，编写方法不完全相对应；非等效采用指技术内容有重大差异。

我国标准采用国际标准或国外先进标准程度的表示方法（见表4—4）。

表 4—4　　我国标准采用国际标准或国外先进标准程度的表示方法

采用程度	符号	缩写字母
等同	≡	idt 或 IDT
等效	=	eqv 或 EQV
非等效	≠	neq 或 NEQ

三、GB/T 19000 标准的构成

下面对 GB/T 19000 主要标准进行扼要介绍：

1. GB/T 19000《质量管理体系—基础和术语》

提出 8 项质量管理原理表述质量管理体系 12 项基础，并规定质量管理体系有关术语。

2. GB/T 19001《质量管理体系—要求》

规定质量管理体系要求，用于组织证实其具有提供满足顾客要求和适用法规要求产品的能力，目的在于提高顾客满意度。

3. GB/T 19004《质量管理体系—业绩改进指南》

提供质量管理体系的有效性和效率两方面的指南，其目的是改进组织业绩和使顾客及其他相关方满意。

4. GB/T 19011《质量和环境审核指南》

提供审核质量和环境审核的基本原则、审核方案的管理、质量和环境管理体系审核的实施以及为质量和环境管理体系审核员的资格要求提供了指南。

四、GB/T 19000 标准的作用

1. 提高质量管理水平和效益

GB/T 19000 标准严格按照国际标准化进行质量管理，真正达到法治化、科学化的要求，可以极大地提高工作效率和产品合格率，使组织的经济效益和社会效益迅速增长。

2. 增强客户信心，扩大市场份额

当顾客得知供方按照国际标准实行管理，拿到了 GB/T 19000 质量管理体系认证证书，并且有认证机构的严格审核和定期监督，就可以确信该组织是能够稳定地生产合格产品乃至优秀产品的信得过组织，从而放心地订立供销合同，扩大其市场占有率。

3. 获得了国际贸易“通行证”，消除了国际贸易壁垒

在“世界贸易组织”内，各成员国之间相互排除了关税壁垒，只能设置技术壁

垒。在技术壁垒中，又主要是产品质量认证和ISO 9000质量管理体系认证，所以，获得认证是消除贸易壁垒，进行国际贸易的主要途径。

4. 节省了第二方审核的精力和费用

组织通过第三方认证并获得认证证书以后，众多第二方就不必再对第一方进行审核，这样，不管是对第一方还是第二方都可以节省很多精力和费用。

5. 提高竞争力

国际贸易竞争的手段主要是价格竞争和质量竞争。由于低价销售的方法不仅会使利润锐减，如果构成倾销，还会受到贸易制裁，所以，价格竞争的手段越来越不可取。实行ISO 9000国际标准化的质量管理，可以稳定地提高产品（项目）质量，使组织在产品（项目）质量竞争中立于不败之地。

6. 有利于国际间的经济合作和技术交流

按照国际间经济合作和技术交流的惯例，合作双方必须在产品（项目、服务）质量方面有共同的语言、统一的认识和共同遵守的规范，才能进行合作与交流。ISO 9000质量管理体系认证正好提供了这样的信任，有利于双方迅速达成协议。

学习单元3　收集质量信息

学习目标

- 掌握质量信息在项目质量管理中的作用
- 掌握对质量信息的要求
- 能够收集质量信息
- 能够记录可交付物质量数据

质量信息就是在质量形成的全过程中，产生的有关质量的各种有用的数据、报表、资料和文件。

一、质量信息在项目质量管理中的作用

1. 为质量方面的决策提供依据

决策过程实际是一个收集信息、判断和衡量的过程，只有充分掌握了项目的质量信息，才能作出正确有效的决策。

2. 为控制项目质量提供依据

在项目实施过程中，由内外因素的干扰和相关文本的变化而产生质量的种种偏差。这就要求项目的管理人员通过一定的途径收集这方面的信息，并通过分析偏差，找到偏差产生的原因，采取相应措施，使项目各项活动按规定进行。

3. 为监督和考核质量活动提供依据

项目质量责任制明确规定了项目成员在质量工作上的具体任务、责任和权利。通过质量信息工作所提供的各种数据、报表、记录等，就可以对各部门、各环节和成员的质量活动进行监督和考核。

二、对质量信息的要求

1. 准确

质量信息只有能够准确反映实际情况才能作出正确的决断。虚假的或不正确的信息不仅没有用，反而会起反作用。

2. 及时

质量信息的价值往往随时间的推移而变动。如果能够将质量信息及时而迅速地反映出来，反馈过去，就有可能避免一次质量事故，从而减少损失。否则，就会贻误时机，造成损失。

3. 全面、系统

质量信息应当全面、系统地反映项目质量管理活动，以便掌控项目质量变化的规律，及时采取预防措施。

三、收集质量信息

收集质量信息需要做好以下工作：

1. 质量信息收集要求

除要保证收集的原始记录、数据准确可靠外，还要做到工作制度化，明确规定收集的时间、次数、数量和方法。

2. 质量信息的加工

将收集到的原始记录、数据进行分类、排队、筛选、计算、比较和选择。信息加工要标准化，应按统一的方法、统一的表格进行。质量信息加工后应建立质量卡片、质量档案和台账。

3. 信息传递

信息传递是指借助一定的载体，如纸张、软盘、磁带，在项目各部门之间进行质量信息传递。利用报表、图表、文字、记录和计算机等传递手段可形成畅通的信息流。信息传递要规范化，要制定合理的传递线路，以使信息充分发挥作用。

4. 信息储存

将加工后的信息暂时储存起来，以便需要时调用。

5. 信息检索

建立一套科学的检索方法，以便需要时能迅速查询。信息检索的关键是检索工具，它包括编制资料目录、写出文摘、索引，使用计算机储存信息更便于信息的检索。

6. 信息输出

首先，根据信息使用者的要求，确定信息输出的形式：报表、文件、明细表册等。其次，确定信息传输的渠道，可以通过多种渠道实现直接和间接的、纵向和横向的、纵横交错的传输，可以将质量信息传输给项目的有关部门、业主（用户）或报送上级部门，作为质量控制或决策的依据。

学习单元 4 识别质量偏差

学习目标

- 掌握质量检验的基本概念
- 掌握质量偏差的概念
- 掌握质量偏差的识别方法
- 能够识别质量偏差

一、质量检验的基本概念

1. 质量检验的定义

质量检验就是对产品（项目）的一个或多个质量特性进行观察、测量、试验，并将结果和规定的质量要求进行比较，以确定每项质量特性合格情况的技术性检查活动。

2. 质量检验的分类

（1）按质量检验的数量分类：免检、全数检验、抽样检验。

（2）按制品的流程分类：进货检验、工序检验、成品检验、出厂检验、第三者检验。

（3）按产品形成阶段分类：外购材料和外购件检验、工序检验、成品检验。

（4）按评定方法分类：计量检验、计数检验。

（5）按检验之后制品能否再使用分类：破坏性检验、非破坏性检验。

（6）按检验地点分类：集中检验、流动检验。

（7）按检验手段分类：以机械量具为手段的测量、以电子量具为手段的测试、以化学量具为手段的化验或分析、感官检验。

3. 质量检验的基本方法

质量检验的基本方法为物理的（如力学性能试验）、化学的和其他科学技术手段（器具、感官、试验性检验等，如在现场用仪器检验空气质量）。

质量检验的统计方法有排列图、分层法、因果分析图、直方图、控制图、散布图、检查表、新 7 种工具（关联图、KJ 图、系统图、矩阵图、矩阵数据分析法、PDPC 法、网络图）。

二、质量偏差的概念

偏差是活动结果在规定允许的范围之内，并且是可以接受的；活动结果在控制限度之内，则表明活动尚处于控制之中。

质量偏差即将质量实际测量结果与标准或目标进行比较。

度量质量偏差是为了进行偏差分析，弄清楚是否发生了偏差以及偏差的性质、程度和原因，其结果可能是偏差超过了允许范围，也可能是偏差虽未超过允许范围，但其发展下去有可能超过允许范围。如果已经超过允许范围，应立即分析原因，采取相应措施予以纠正；如果是向不利趋势发展，也应分析原因，采取预防措施，使生产处于稳定状态。

三、质量偏差的识别方法

一般操作水平允许有一定偏差，允许偏差值的数据有以下几种情况：

1. 有“正”“负”要求的数值。

2. 偏差值无“正”“负”概念的数值，直接注明数字，不标符号。

3. 要求大于或小于某一数值。

4. 要求在一定范围内的数值。

5. 采用相对比例值确定偏差值。

通过对上述情况的对照即可识别是否存在质量偏差。

四、通过质量检验确定质量水平

通过质量检验来确定质量水平，首先，要搞清楚什么是检验。日本质量管理专家石川馨在他所著的《质量管理》一书中将检验的职能定义为：所谓检验，就是按照检验操作标准测量原材料、半成品和成品，将测出的特性值和规定值进行比较，判断并定出对该制品或批次的处置办法。

其次，要搞清楚什么是质量检验。质量检验就是借助某种手段和方法，测定产品的质量特性，然后将测定结果与质量标准比较，从而对该产品作出合格或不合格的判断；在不合格情况下还要作出适用与不适用的判断。

按质量检验数量的多少分为全数检验和抽样检验。为保证全部制品完全合格就应该采用全数检验，但是全数检验的成本极高，因此，只在下述情况下采用全数检验：产品价格较高，如飞机、轮船、汽车、电视机等；要求不合格品数必须为零的重要产品。当不能进行全数检验、检验的特性很多或检验费用很高时，可采用抽样检验。

1. 质量水平

不论是全数检验还是抽样检验，检验后的质量水平有以下几种：

（1）合格质量水平。

（2）批允许不合格品率。

（3）平均出厂质量界限。

2. 质量特性缺陷严重性

我国对各种质量特性缺陷严重性分为3级。

（1）致命缺陷。致命缺陷指的是对使用者、维护者或产品有关人员直接形成安全隐患甚至危及人身安全。

（2）重缺陷。可能造成安全隐患，导致人身安全事故。这种缺陷顾客一般不能接受。

（3）轻缺陷。只是轻微地影响产品有效使用和操作的缺陷。

3. 确定质量水平程序

通过下列质量检验工作程序确定质量水平。

（1）明确检验项目。依据检验标准规定，明确要检验哪些项目以及每个项目（可交付成果）的质量指标或标准。

（2）量测。通过规定的方法和手段对项目（可交付成果）进行检测。

（3）比较。将检测所得数据与质量检验标准或设计要求进行比较、对照。

（4）判定。通过比较、对照，评定项目（可交付成果）合格、不合格或等级。

（5）处理。对不合格的项目（可交付成果）进行处理（返工、返修、报废等）。

五、能识别质量偏差

识别质量偏差的步骤：

1. 明确识别质量偏差的项目（可交付成果）。
2. 明确质量偏差允许的范围。
3. 将质量实际测量结果与允许的偏差范围进行比较。
4. 判定是否存在偏差，如果存在偏差，进一步确定偏差值。

学习单元 5 报告质量偏差

学习目标

- 明确质量偏差报告的作用
- 掌握质量偏差报告的方法
- 能够报告质量偏差

一、质量状态报告

详细描述项目当前的质量状况、所采取的措施、碰到或预见到的质量问题及成功之处，已完成了哪些主要项目（可交付成果）以及尚余的主要项目（可交付成果），并生成质量状态报告。

二、质量偏差报告的作用

质量偏差报告是连接客户的重要纽带，使客户随时掌握质量偏差的状况。

确保在项目实施过程中，项目各部门和成员随时都能获得与质量相关的信息，为质量控制、质量改进、质量考核以及管理层制定质量决策提供重要信息和依据。

确保项目经理既能准确知道项目当前的质量偏差状况，又能知道自己此时应做什么。

在整个项目实施中保证项目（可交付成果）的质量符合标准和目标的要求。

三、质量偏差报告的方法

1. 表格法

采用表格形式整理和分析质量偏差数据，报告相关部门和人员。

例如，砌筑小组在某工程项目主体结构砌筑中的偏差记录（见表4—5）。

表4—5　××项目主体结构砌筑工程质量偏差记录

项次	项目	允许偏差（mm）	实测记录	不合格点
1	轴线位移	10	10.3、14、10、8、7、6、9、5、5	1
2	垂直度（每层）	5	6、8、4、5、6、4、3、2、5、4	3
3	表面平整度	5	7、6、2、4、5、5、4、3、2、5	2
4	水平灰缝平直度	7	7、9、8、10、4、8、5、6、7、5	4
5	水平灰缝厚度	±8	+9、+10、−10、−7、+8、+8、+7、+5、+11、+10	5
6	总计		合格率35/50=70%	15

2. 图示法

用图示方法报告质量偏差，如用控制图，如图4—2所示，可一目了然地看到质量偏差的情况、发展趋势。

例如，图4—2是利用某零件加工过程测得的质量数据绘制的控制图，从图中可以看到第6个点超出了上控制线。

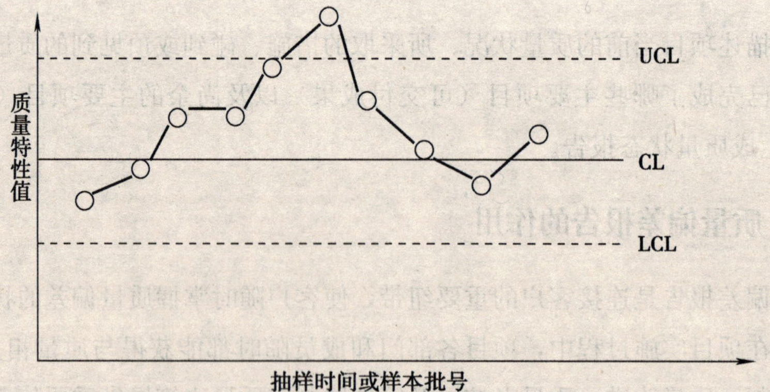

图4—2　控制图

3. 陈述法

通过文字方式描述质量偏差情况、存在的问题和改进的措施。

例如，某项目需要加工螺栓 100 根，对加工后螺栓的尺寸进行测量并记录在案。通过计算记录数据绘制出直方图，图形呈正态分布但工序平均值接近标准下限，说明如果工序状态一旦稍有变化，螺栓尺寸就可能偏离标准要求。这种情况说明工序能力不足。解决的办法：一是改变加工工艺，提高工序能力；二是修改标准，使标准要求在实际工序能力范围之内。

4. 综合法

采用表格、图示和陈述相结合的方法说明质量偏差情况、问题及措施。

例如，对某建筑工程的抹灰分项工程的质量进行检验评定（见表 4—6）。抹灰分项工程的质量检查分为保证项目、基本项目和允许偏差项目，可将检测数据填入表中相应的空格处。

表 4—6　　一般抹灰分项工程质量检验评定表（室内）

<table>
<tr><td rowspan="2">保证项目</td><td colspan="12">项　　目</td><td colspan="4">质量情况</td></tr>
<tr><td colspan="12">材料的品种、质量必须符合设计要求，各抹灰层之间必须黏结牢固，无脱层、空鼓，面层无爆灰和裂缝（风裂除外）等</td><td colspan="4"></td></tr>
<tr><td rowspan="6">基本项目</td><td colspan="2" rowspan="2">项　　目</td><td colspan="10">质量情况</td><td colspan="3" rowspan="2">等级</td></tr>
<tr><td>1</td><td>2</td><td>3</td><td>4</td><td>5</td><td>6</td><td>7</td><td>8</td><td>9</td><td>10</td></tr>
<tr><td>1</td><td>表面</td><td></td><td></td><td></td><td></td><td></td><td></td><td></td><td></td><td></td><td></td><td colspan="3"></td></tr>
<tr><td>2</td><td>孔洞、槽、盒和管道后抹灰表面</td><td></td><td></td><td></td><td></td><td></td><td></td><td></td><td></td><td></td><td></td><td colspan="3"></td></tr>
<tr><td>3</td><td>护角、门窗框与墙体间缝隙</td><td></td><td></td><td></td><td></td><td></td><td></td><td></td><td></td><td></td><td></td><td colspan="3"></td></tr>
<tr><td>4</td><td>分格条（缝）</td><td></td><td></td><td></td><td></td><td></td><td></td><td></td><td></td><td></td><td></td><td colspan="3"></td></tr>
<tr><td rowspan="7">允许偏差项目</td><td colspan="2" rowspan="2">项　　目</td><td colspan="3">允许偏差（mm）</td><td colspan="10">实测值（mm）</td></tr>
<tr><td>普通</td><td>中级</td><td>高级</td><td>1</td><td>2</td><td>3</td><td>4</td><td>5</td><td>6</td><td>7</td><td>8</td><td>9</td><td>10</td></tr>
<tr><td>1</td><td>立面垂直</td><td>—</td><td>3</td><td>5</td><td></td><td></td><td></td><td></td><td></td><td></td><td></td><td></td><td></td><td></td></tr>
<tr><td>2</td><td>表面平整</td><td>5</td><td>4</td><td>2</td><td></td><td></td><td></td><td></td><td></td><td></td><td></td><td></td><td></td><td></td></tr>
<tr><td>3</td><td>阴阳角垂直</td><td>—</td><td>4</td><td>2</td><td></td><td></td><td></td><td></td><td></td><td></td><td></td><td></td><td></td><td></td></tr>
<tr><td>4</td><td>阴阳角方正</td><td>—</td><td>4</td><td>2</td><td></td><td></td><td></td><td></td><td></td><td></td><td></td><td></td><td></td><td></td></tr>
<tr><td>5</td><td>分格条（缝）平直</td><td>—</td><td>3</td><td>—</td><td></td><td></td><td></td><td></td><td></td><td></td><td></td><td></td><td></td><td></td></tr>
</table>

续表

检查结果	保证项目		
	基本项目	检查　　项，其中优良　　项，优良率　　%	
	允许偏差项目	实测　　点，其中合格　　点，合格率　　%	
评定等级	工程负责人： 工长： 班组长：	核定等级	质量检查员：

年　　月　　日

在允许偏差项目中对墙面平整度共检测了85个点，将检测数据填入表中（省略），据此绘制频数分布图，如图4—3所示。

图4—3　　抹灰工程工序质量分布图

分项工程名称	普通抹灰（墙面）	工程量	2 180 m^2
测试内容	墙面平整度	测试（查检数）	85个点
标准要求	5 mm	检测者	×××
操作班组	×××抹灰组	时间	2006.07.08

尺寸	0.0	0.5	1.0	1.5	2.0	2.5	3.0	3.5	4.0	4.5	5.0	5.5	6.0	6.5
15									×					
									×					
									×					
									×					
									×	×				
10								×	×	×				
						×	×	×	×	×				
						×	×	×	×	×				
					×	×	×	×	×	×	×			
					×	×	×	×	×	×	×			
5				×	×	×	×	×	×	×	×	×		
				×	×	×	×	×	×	×	×	×		
				×	×	×	×	×	×	×	×	×	×	
			×	×	×	×	×	×	×	×	×	×	×	
		×	×	×	×	×	×	×	×	×	×	×	×	×
频数		1	2	5	7	9	9	10	15	11	7	5	3	1

从图 4—3 可以看到由×构成的图形呈正态分布，实际分布中心与标准中心基本接近是较为理想的直方图，说明工序处于正常管理状态。墙面抹灰的质量基本合格，但仍要注意加强控制，有 1 个点超出偏差要求 1.5 mm，3 个点超出偏差要求 1 mm，5 个点超出偏差要求 0.5 mm。

四、报告质量偏差

报告质量偏差时应注意：

1. 报告所用数据的准确性，数据要能反映质量的真实情况。

2. 应使用规范化术语，文字、符号、计量单位应当符合国家现行标准和规范要求；不得使用含意不清、模棱两可的词句。

3. 及时将质量偏差向规定的部门和人员报告。

学习单元 6　运用随机抽样的基本方法

学习目标

- 掌握质量检验的方式
- 掌握质量检验的基本类型
- 掌握随机抽样的基本方法

一、质量检验的方式

1. 按质量检验的数量特征分

(1) 全数检验

全数检验就是对一批产品中的每一件产品逐一检验，挑出不合格品后，认为其余全都是合格品。全数检验适用于非破坏性检验和检验项目少或检验数量少的产品。

(2) 抽样检验

抽样检验就是根据事先制定的抽检方案，从整批产品中抽出部分产品进行检验，通过检验部分产品的质量而对整批产品的质量作出判断。抽样检验适用于产品批量较大，检验项目多或检验较复杂，检验带有破坏性或损伤性等情况。

2. 按检验方法的特征值分

（1）理化检验

理化检验就是应用物理或化学的方法，依靠量具、仪器及设备对受检物进行检验。理化检验通常测得检验项目的具体数值，精度高，人为误差小。

（2）感官检验

感官检验就是依靠人的感觉器官对质量特性或特征作出评价和判断。感官检验的结果往往依赖于检验人员的经验，并有较大的波动性。

3. 按判断的方法分

（1）定性检验

定性检验没有具体的界限值，只是根据文字叙述的要求给予定性。

（2）定量检验

定量检验有具体的界限值，合格或不合格的界限很清楚。

二、质量检验的基本类型

1. 进料检验

进料检验是对采购的原材料、辅料、外协件、外购件及配套件在入库前进行的检验。进料检验应由专职质检人员按规定的检查内容、方法和数量进行严格检验。进料必须有合格证或其他合法证明，否则不予验收。

2. 工序检验

工序检验的目的是避免不合格品流入下道工序。因此，工序检验不仅要检验在制品是否符合规定的质量要求，还要检验影响工序质量的主要因素，以判断过程是否处于受控状态。

3. 完工检验

完工检验是全面考核项目的质量是否满足设计、规范、标准的要求。在有合同要求时，经由客户及客户指定的第三方一起对项目进行验收。

三、随机抽样的基本方法

1. 数理统计的几个概念

（1）母体

母体又称总体、检查批或批，指研究对象的全体。

（2）子样

子样又称试样或样本，是从总体中抽出来的一部分，子样所含的数目，叫子样大小。

(3) 随机抽样

从总体中抽取部分子样的活动叫抽样。抽样分为有意抽样和随机抽样。随机抽样就是从总体中不加任何分组、划类、排队等，完全随机地抽取调查单位，也就是不带任何主观倾向，不挑不拣随意地从总体中抽样，使总体中的每一个个体都有被抽取的同等机会。随机抽样的优点是省（节省人力、物力、财力）、快、准、细。

2. 随机抽样方法

(1) 简单随机抽样

若总体中每个个体被抽到的机会是均等的，且在抽样取走一个个体之后总体内成分不变，这种抽样方式称为简单随机抽样。简单随机抽样有 3 种方法：

1) 抽签法。把总体中的每一个个体都编上号码，并做成签，充分混合后从中随机抽取一部分，这部分所对应的个体就组成一个样本。

2) 查表法。查随机数表，确定从总体中所抽取个体的号码，则号码所对应的个体就进入样本。随机数表可随意从任何一区、任何一个数目开始，依次向各个方向顺序进行。

3) 计算机造数法。用电子计算机编制随机数程序，把随机数作为总体中抽出个体进入样本的号码。

(2) 系统抽样

这种方法是每间隔一定时间或空间，从总体抽取样品作为样本。

(3) 分层抽样

这种方法就是将总体按其属性特征分为若干类型或层，然后在类型或层中随机抽取样本。分层抽样便于了解类型或层的各种性质，研究各种类型或每层造成不良品的原因。

(4) 整群抽样

整群抽样是先将各单位划分为若干群（组），然后以群为单位从中随机抽取一些群，对抽中群的所有单位进行调查。

四、运用随机抽样的基本方法

运用随机抽样时，要注意不同的随机抽样方法适用于不同的情况：

1. 简单随机抽样是其他抽样方法的基础，当总体单位数不太大时，使用起来较方便。实施步骤：第一，取得总体单位名录，即所有被调查对象；第二，为总体单位编号；第三，利用抽签法、随机号码表等抽取样本。

2. 系统抽样方法很适合流水线上取样，但这种方法在产品特性有周期性变化时，容易产生偏差，使用时必须注意。实施步骤：

（1）取得总体抽样框架。

（2）为总体单位排队编号。

（3）计算抽样距离间隔。

（4）在抽样距离间隔数中，随机抽取一个样本单位。

（5）按照间隔数依次抽取其他样本单位。

3. 分层抽样适用于被调查的总体数量较多、差异程度较大的情况。

4. 整群抽样特别适用于缺乏总体单位的抽样框（总体全部单位名册、地图）。应用整群抽样时，要求各群有较好的代表性，即群内各单位的差异要大，群间差异要小。

第5章 安全、健康与环境管理

第1节 安全管理基本知识

学习单元1 安全事故基本概念

学习目标

- 掌握安全和事故的概念
- 掌握安全和事故的关系
- 能够进行安全宣传

一、安全的概念

1. 安全是避开危险，降低损失

《英汉安全专业术语词典》中将安全定义为“安全意味着可以容许的风险程度，比较的无受害之忧和损害概率降低的通用术语”。

安全就是避开危险，降低损失。在生产和经济活动中，安全也可以看做是人、机、环境三者处于协调、平衡的状态，一旦打破这种平衡，安全就不存在了。

安全活动的核心就是：如何避开危险，如何降低损失。安全工作是对危险的预知和预防。

2. 安全是社会和经济活动的基础

随着社会文明的进步和现代化进程的加快，经济活动的广度、深度和对社会发展的影响越来越大，各种不安全因素越来越多，危害也越来越大，使得人类对于安全的要求越来越高。安全管理工作是实现这一要求的唯一途径，无论是投资者还是经营者都必须重点考虑安全问题，改善和提高安全管理水平。从全社会的角度来说，存在着宏观的安全管理工作；从某个组织或企业的角度来说，则存在着微观的安全管理工作。安全是人类活动的重要保证，是社会存在的基础，同时也是经济活动的重要保证。给全社会和劳动者创造出安全、健康、舒适的环境、工作和生活条件，是有益于全人类的事情，也是义不容辞的责任。

二、事故的概念

职业安全卫生管理体系规范（职业安全卫生评价体系 OHSAS 18001）将事故定义为：导致死亡、职业相关病症、伤害、财产损失或其他损失的不期望事件。

1. 事故是不期望的事件

（1）事故是违反了人们意愿的事件

由于事故的发生会妨碍人们要达到的目的，这就违反了人们的意愿。事故就是指生产或活动进程中发生的与人们愿望和意志相反的，使进程停止或受到干扰的意外事件。事故的发生影响了人们正常的生产生活。

（2）事故是造成损失的事件

事故常常会造成人员的伤亡，以及财务、环境、时间等方面的损失。从事故可能造成的损失而言，事故又可以定义为任何导致人身伤害、职业相关病症、物质损失、生产损失或其他损失的不期望事件。

2. 事故的种类

为了准确地研究分析事故特性，必须对事故进行科学、合理的分类，建立统计分析指标，探索事故发生的规律。

（1）按照事故的性质分类

1）交通事故。国际通用简称为“肇事”，这类事故主要指发生在公路上的汽车、拖拉机、畜力车、人力车、自行车等机动和非机动车辆造成的事故。此类事故在中国由公安部交通管理部门管理和查处。

2）航运事故。国际通用简称为“海事”或“海损”事故，此类事故主要指发生在海洋和内河航运中机动和非机动船舶造成的事故。此类事故在中国由交通部港监部门管理和查处。

3）航空事故。航空事故又称空难事故。国际通用简称为“失事”。这类事故在中国由中国民用航空局管理和查处。

4）工伤事故。工伤事故又称生产事故。此类事故至今在国际上还没有一个统一的简称规定。在日本、美国被称为工伤事故、生产事故，其他国家称其为工业事故、工作伤害、人身伤害、工作之中伤害事故。在中国将其称为生产事故和工伤事故。

5）职业伤害。职业伤害是由工作事故导致的死亡、人身伤害和疾病。虽然人身事故造成的经济损失数值往往并不很大，但是由于伤害的对象是人，所以理所当然应该受到高度重视。很多企业都把人身伤亡确定为一票否决的指标，这是十分必要的。

（2）按照事故的损失分类

这是第 13 次国际劳动统计会议决议中提出的分类。

1）人身事故。人身事故具体包括以下 4 类：

①工作伤害事故。指工作人员在工作中受到伤害而导致职业病症的事故和上、下班途中发生的事故。

②雇用事故。由雇用引起或在雇用过程中发生的事故。

③雇用伤害。雇用事故导致的所有伤害和所有职业病。

④工作事故。工作过程中发生的导致死亡、人身伤害或疾病的事故。

2）物质损失事故。物质损失事故指的是造成生产企业（包括客户）物质设施损失的事故。物质损失的对象主要是生产设施，其价值很难估算。虽然设施的损坏经常是可以恢复的，但是往往需要付出昂贵的代价。设备的损坏有时会直接影响企业生产的进行，甚至造成更大的社会连带损失。因此，对于企业生产的物质设施，特别是生产中关键设备的安全必须予以高度重视。

3）生产损失事故。生产损失事故指的是导致生产不能正常进行，甚至停工停产，造成企业以及社会损失的事故。其中，生产损失既包括生产单位的直接经济损失，也包括用户的经济损失。例如，电力生产单位的停电事故所造成的损失既有电力企业未能出售电力的损失，也有用电部门停产的损失。所以对于产、供、销一体化的生产企业而言，生产损失经常是社会性的。

以上 3 种事故中，第一种是人身伤害事故，后两种是非人身伤害事故。这 3 种事故可能单独发生，也可能两两同时或三者同时发生。所以，需要特别指出的是在对人身伤害事故予以高度重视的同时，后两种事故同样需要高度重视，因为对后两种事故的控制，既可以有效减少经济损失，又可以降低伤害事故的可能性。

三、安全和事故的关系

安全生产的根本目的是保护劳动者的生命健康与安全，维护生产经营单位的正常生产和发展秩序。它直接关系到人民群众生命财产的安全，关系到国民经济的持续、快速、稳定、健康发展。安全与事故是对立统一、相互依存的，即有了事故发生的可能性，才需要安全；有了安全的保证，才能避免事故的发生。某一对象在特定条件下是安全的，但在其他条件下就不一定是安全的，甚至可能很危险。

1. 安全取决于对事故的认识

人们对安全的认识取决于对事故特性的认识程度，取决于自身的安全意识。事故的形成原因十分复杂，形式多种多样，从本质上说，一切事故的发生都具有必然性、偶然性和可预防性。

从表面上看，事故的发生具有突发性、意外性，这种意外性往往使人们认为事故的发生是一种偶然。但分析事故的发生原因和发生过程，人们会发现，一个系统从安全状态发展到出现事故隐患，最后导致事故发生，造成重大损失，每一个过程的推进，归根结底都是由于人的操作、设计、管理等方面的失误造成的。也就是说，事故的发生是多种因素共同作用的结果，这些因素一直以事故隐患的形式存在。因此，发生事故就是一种必然。我们认识到事故发生发展的内在规律性有助于人们克服侥幸心理，端正对待事故的态度，随时保持对危险的警惕性，发现隐患及时整改。

但是，为什么有的事故隐患会长期存在，却一直没有转化成事故呢？这是因为事故在何时、以何种方式引发，会造成多大损失，是具有一定偶然性的。从事故隐患到事故的发生需要有激发条件和适合的环境。激发条件可以是人的不安全行为，如违章操作等三违现象，也可能是其他自然条件。对某一具体的系统而言，激发条件具有较为明显的偶然性。激发条件出现的时间、地点、环境等决定着事故造成的损失。激发条件在时间上的偶然性决定了事故发生时处于危险因素作用范围内的人员数量。认识事故发生的偶然性可以提醒我们要时时刻刻端正安全态度，提高安全意识。

2. 安全取决于对事故的预防

通过对事故隐患的管理和整改，事故是可以预防的，这是人们进行事故预防的基础性原则。认真分析每一起已经发生的事故，都会得出这样的结论：如果能对物质方面的因素进行科学管理，如果社会上各行各业的职工和群众能严格遵守各项规章制度，如果有关部门能严格依法管理，那么每一起事故都是可以预防的。事故的发生是有因果链的，如果在事故发生过程中人们能及时切断这个链条，就不会有最后的惨痛损失。事故发生后，人们总在惋惜：如果管理者对安全足够重视，如果能够避免操作者的违章行为，如果发现隐患时采取有效措施进行整改，就不会发生事故。这些“如果”其实就是预防事故发生的途径，人们通过这些途径在事故发生前对其加以防范和控制，就可以有效减少事故隐患和预防事故发生。

3. 事故是安全的敌人

我们要战胜事故这个敌人，首先，必须树立“以人为本”的观念。人是生产力最活跃的因素。在人、机、环境、安全生产诸要素中，人是决定性因素，同时人的生命也是最宝贵的。所以，必须坚持以人为本，不断提高人的素质。其次，必须树立安全法制观念，强化法律意识，自觉按照安全生产法律、法规来规范安全生产行为，履行法律、法规规定的法定责任和义务，共同维护企业生产的正常秩序，保障员工在生产过程中的安全与健康。再次，贯彻“安全第一，预防为主”的方针，加强安全教育。安全教育是提高劳动者素质的重要手段，通过对生产经营单位各类人员有计划、有步骤地进行教育、宣传、培训，加强安全知识和安全技能的学习，全面提高全体人员的安全综合素质，把安全政策法规与安全行为准则内化为自觉行为规范，从而降低事故率。最后，落实安全责任制，加强安全管理水平，提高安全素质和安全意识。

四、安全宣传

安全就是“以人为本”。预防事故、提高安全水平离不开人，而人的安全意识的提高和安全态度的转变必须通过安全宣传教育来实现。安全宣传教育是所有组织和个人义不容辞的责任。

1. 安全宣传的内容

安全宣传的形式多样，内容丰富，但主题只有一个：安全第一，预防为主，以人为本。具体的宣传内容需要根据不同的主题和方式来确定。

(1)《安全生产法》及安全宗旨、意义的宣传

宣传《安全生产法》，突出安全本身的重要性和价值。例如，“有了安全，人类才能更美丽”；“安全时刻，时刻安全”；“确保工作生产安全，关爱生命，以人为本”；“工作为了生活好，安全为了活到老”；“生产再忙，安全不忘，人命关天，安全在先”；“生命只有一次，安全伴君一生”；“安全连着你我他，平安幸福靠大家”；

“安全生产，人人有责；遵章守纪，保障安全”等。

（2）事故预防宣传

强调事故可以预防，警醒人们高度重视事故隐患。例如，“安全来自长期警惕，事故源于瞬间麻痹”；“多看一眼，安全保险；多防一步，少出事故”；“消除一切安全隐患，保障生产工作安全”；“你对违章讲人情，事故对你不留情。事故不难防，重在守规章”等。

（3）危险品安全宣传

对危险品的管理和使用进行宣传。例如，储存易燃易爆化学品的基本要求、运输装卸危险化学品的规定、使用化学品过程中保持个人卫生的原则、装卸危险化学品的规定、预防危险化学品危害的原则、危险化学品消防措施、重大危险源宣传等。

（4）作业安全宣传

对作业的技术、管理、环境、流程以及使用工具的宣传，目的是强调和提醒作业者注意相关的安全规程和要求。例如，电器作业十不准、企业内机动车辆八大禁令、叉车工岗位安全职责、叉车作业“八不准”、管理工安全常识、焊接作业安全常识、搅拌工安全常识、切割机械安全常识、冲剪压安全常识、锅炉工紧急停炉操作方法、配电工岗位安全职责等。

（5）安全常识宣传

对经常性的活动以及人们日常生活中要遵守的安全常识的宣传。例如，道路交通安全常识、用电安全常识、建筑安全常识等。

（6）安全行为规范宣传

安全行为是安全保障的根本，是安全生产的基础。通过宣传，提醒和加强员工在生产过程中安全行为的规范性，包括职工基本安全行为规范、防火防爆安全行为规范、安全用电行为规范、特种作业人员行为规范、高处作业安全行为规范、化学危险品储存运输安全行为规范等。

2. 安全宣传的方法

安全宣传的方法很多，可以根据其手段和展示方式分为静态、动态两种方法，也可以根据目的分为安全警示和安全理念两种宣传方式。静态的方法有安全标志牌、宣传栏、宣传画、标语等；动态的方法有安全宣传月（日）活动、6S 活动、电视、广播和主流媒体等。

（1）动态安全宣传方法

动态安全宣传方法包括安全宣传月（日）活动和 6S 等活动。安全宣传月

（日）活动优点是可以进行集中的安全主题宣传活动，缺点是组织活动的效果和过程不易控制，有可能会流于形式。6S 是企业安全管理的一种方式，是整理、整顿、清洁、清扫、素养、安全 6 项活动的简称。6 个单词都以 S 开头，简称 6S。它是建立在环境和人的整洁、设备和设施的清洁、有序以及人的安全素养基础上的，目的是通过实际的清扫、整理等活动提高环境的安全水平。通过电视、广播和主流媒体来开展安全宣传活动，其优点是宣传的面广、容易普及，形式灵活多样，缺点是组织活动和准备宣传材料有难度。

（2）静态安全宣传方法

静态安全宣传方法包括安全宣传标志牌、安全宣传栏、安全宣传标语牌、安全警示栏和安全宣传漫画等。其中安全宣传栏可视面积较大，宣传的内容丰富多彩。静态安全宣传的数量要适宜，数量过多反而会干扰工作。

学习单元 2　安全事故调查

学习目标

- 掌握安全事故调查的概念
- 掌握安全事故调查的原则和方法

知识要求

一、安全事故调查

事故发生后，必须进行事故调查，目的是及时准确地查清事故原因，查明事故的性质和责任，总结经验和教训，提出整改措施，并对事故责任者提出处理意见。事故调查处理的依据是国务院于 2007 年 6 月 1 日颁布的《生产安全事故报告和调查处理条例》，以下是主要内容：

条例将事故原因未查明不放过、责任人未处理不放过、整改措施未落实不放过、有关人员未受到教育不放过的原则贯穿始终，为事故报告和调查处理工作提供了明确的操作规程。规定对事故发生单位最高可处 200 万元以上 500 万元以下的罚款。

根据条例，事故划分为特别重大事故、重大事故、较大事故和一般事故 4 个等级。事故发生后，事故现场有关人员应当立即向本单位负责人报告，单位负责人应当于 1 小时内向事故发生地县级以上安全生产监督管理部门和负有安全生产监督管理职责的有关部门报告。随后，安监部门和负有安监职责的有关部门应当按照事故的级别逐级上报事故情况，并且每级上报的时间不得超过 2 小时。

按照“政府统一领导、分级负责”的原则，条例对不同等级事故组织事故调查的责任分别作了规定（见二、事故调查方法和原则中事故调查的组织）。

条例要求事故调查组应当由当地政府、安监部门、负有安监职责的有关部门、监察机关、公安机关以及工会派人组成，并邀请人民检察院派人参加。事故调查组成员应与所调查的事故没有直接利害关系。提交事故调查报告最长不得超过 120 天。

对事故发生单位最高可处 100 万元以上 500 万元以下的罚款，对主要负责人、直接负责的主管人员和其他直接责任人员，最高可处上一年年收入 60％～100％的罚款；对负有责任的事故发生单位依法暂扣或者吊销其有关证照，对负有事故责任的有关人员，依法暂停或者撤销其与安全生产有关的执业资格、岗位证书。

条例还规定，事故发生后，有关单位和人员应当妥善保护事故现场以及相关证据，任何单位和个人不得破坏事故现场、销毁相关证据。因抢救人员、防止事故扩大以及疏通交通等原因，需要移动事故现场物件的，应当做出标志，绘制现场简图并进行书面记录，妥善保存现场重要痕迹、物证。事故发生地公安机关要根据事故的情况，对涉嫌犯罪的，依法立案侦查，采取强制措施和侦查措施。犯罪嫌疑人逃匿的，公安机关应当迅速追捕归案。

二、安全事故调查原则和方法

1. 事故调查的原则

（1）“政府统一领导、分级负责”的原则。

（2）事故原因未查明不放过、责任人未处理不放过、整改措施未落实不放过、有关人员未受到教育不放过的原则。

（3）伤亡事故调查基本是按照逐级上报，分级调查处理的原则。

（4）事故调查取证的一般原则是实事求是，客观真实，全面完整。

2. 事故调查的程序

（1）事故调查的组织

特别重大事故，由国务院或者国务院授权的部门组织事故调查组进行调查；重大事故、较大事故和一般事故，分别由事故发生地省级政府、设区的市级政府、县级政府负责调查；有关政府可以直接组成事故调查组进行调查，也可以授权或者委托有关部门组织事故调查组进行调查。对于没有造成人员伤亡的一般事故，也可以由县级人民政府委托事故发生单位组织事故调查组进行调查。条例要求事故调查组应当由有关政府、安监部门、负有安监职责的有关部门、监察机关、公安机关以及工会派人组成，并邀请人民检察院派人参加。事故调查组成员应与所调查的事故没有直接利害关系。

(2) 调查的步骤

1) 事故的现场处理。

2) 物证收集。

3) 事故事实材料收集。

4) 证人材料收集。

5) 向被调查者收集材料，认真考证证人口述材料的真实程度。

6) 现场摄影。

7) 事故图绘制。

(3) 事故调查报告的内容

1) 背景信息

①事故单位的基本情况。

②事故发生的时间和地点。

③事故涉及的人员及其他情况。

④职工伤亡事故登记表。

⑤操作人员及证人。

2) 事故描述

①事故发生的顺序。

②破坏的程度。

③人员伤亡及经济损失情况。

④事故的类型。

⑤事故的性质。

⑥承载物或能量（能量或有害物质）。

3) 事故原因

①直接原因（能量源）。

②间接原因（不安全行为和不安全状态）。

4）事故教训及预防事故发生的建议（包括立即采取的措施以及长期的行动规划）

5）对事故责任人的处理建议

6）事故调查组的成员名单

7）其他需要说明的事项

三、事故现场调查法

1. 事故调查常用技术和方法的运用

（1）事故树分析方法

（2）故障类型和影响分析方法

（3）变更分析方法（与“危险和可操作性研究”类似）

寻找与标准、规范相背离的东西，调查由非预期变更所导致的所有问题。

1）确定问题，即发生了什么。

2）相关标准、规范的确立。

3）辨明发生什么变更、变更的位置以及对变更的描述，即发生了什么变更，在哪儿发生的变更，什么时间发生变更以及变更的程度如何。

4）具体化描述影响变更的因素和不影响变更的因素。

5）辨明变更的特点、特征及具体情况。

6）对发生变更的可能原因做一详细的列表。

7）从中选择最可能的变更原因。

8）找出相关变更带来的危险因素的防范措施。

2. 事故现场处理、勘察与调查取证

（1）事故现场处理

1）救护受伤害者。

2）采取措施防止事故蔓延扩大。

3）保护事故现场和现场区域（除非还有危险存在）。凡与事故有关的物体、痕迹、状态，不得破坏；为抢救受伤害者需要移动现场某些物体时，必须做好现场标志；准备必需的草图梗概和图片，仔细记录或进行拍照、录像。

4）按规定及时、如实报告事故情况。

（2）事故有关物证的收集

1）收集现场物证，包括破损部件、碎片、残留物、致害物等。

2）将收集到的所有物件贴上标签，注明地点、时间、管理者。

3）所有物件应保持原样，不得冲洗擦拭。

4）对健康有危害的物品，应采取不损坏原始证据的安全防护措施。

5）描述事故，估计事故的破坏程度。

6）正常的运作程序如何。

7）事故发生地点、地图（地方与总图）。

8）证据列表以及事故发生前的事件。

（3）事故事实材料的收集

1）与事故鉴别、记录有关的材料

①发生事故的单位、地点、时间。

②受害人和肇事者的姓名、性别、年龄、文化程度、职业、技术等级、工龄、本工种工龄、支付工资的形式。

③受害人和肇事者的技术状况、接受安全教育情况。

④出事当天，受害人和肇事者什么时间开始工作、工作内容、工作量、作业程序、操作时的动作（或位置）。

⑤受害人和肇事者过去的事故记录。

2）事故发生的有关事实

①事故发生前设备、设施的性能和质量状况。

②使用的材料，必要时进行物理性能或化学性能实验与分析。

③有关设计和工艺方面的技术文件、工作指令和规章制度方面的资料及执行情况。

④关于工作环境方面的状况，包括照明、湿度、温度、通风、声响、色彩度、道路、工作面情况以及工作环境中的有毒、有害物质取样分析记录。

⑤个人防护措施状况，应注意其有效性、质量、使用范围。

⑥出事前受害人和肇事者的健康状况。

⑦其他可能与事故原因有关的细节或因素。

（4）事故人证材料收集记录

事故发生后，应尽快寻找证人、目击者和当班人员收集证据。与在事故发生之前曾在现场的人员以及那些在事故发生之后立即赶到事故现场的人员进行交谈（不应采用审问方式）。要保证每一次交谈记录的准确性。如果需要并得到许可，可以使用录音机。

应注意：洞察力、听觉敏锐力、反应能力以及证人的通常状态可能影响他们的观察能力。证人可能忽略了整个事故发生的顺序，去伪存真非常重要。

（5）事故现场摄影及事故现场图绘制

1）摄影或录像。显示事故现场和受害者原始存息地的真貌，包括可能被清除或被践踏的痕迹：如刹车痕迹、地面和建筑物的伤痕，火灾爆炸引起的损害，受害者的受伤部位等，以提供较完善的信息内容。

2）绘制事故现场图。确定事故发生地点坐标、伤亡人员的位置。确定涉及事故的设备各构件散落的位置并做出标记，测定各构件在该地区的位置。查看、测出和分析事故发生时留在地面上的痕迹。

必要时，绘制现场剖面图。绘制图可以是事故现场示意图、流程图、受害者位置图等。

第2节　环境保护

学习单元1　环境保护的内容和要求

学习目标

- 掌握环境保护的概念
- 掌握环境保护的内容
- 掌握环境保护的要求
- 掌握环境保护的方法和途径

一、环境保护的概念

20世纪70年代初，联合国根据40多个国家提供的资料，由经济学家巴巴拉·沃德和科学家雷内·杜博斯执笔，在为联合国1972年6月斯德哥尔摩人类环境会议提供的实际背景材料和概念性的基础意见——《只有一个地球》一书中提出：环境问题不仅是工程技术问题，更主要的是社会经济问题；不是局部问题，而是全球性问题。于是，“环境保护”成为科学技术与社会经济相结合的问题，“环境保护”这一术语随之被广泛运用。环境保护就是运用现代环境科学理论、方法和技术，采取行政、法律、经济、科学技术等多方面措施，合理开发利用自然资源，防止和治理环境污染和破坏，综合整治环境，保护人体健康，促进社会经济与环境持续协调发展。这一概念明确了环境保护的指导理论、目的、内容和应采取的措施，尤其是将合理开发利用自然资源纳入环境保护。这就要求人们要深入认识并掌握造成环境污染和生态破坏的根源与危害，有计划地保护环境，防止环境质量恶化，控制环境污染和生态破坏，保护人体健康，保持生态平衡，保障人类社会的持续发展。为了更好地保护环境，许多国家正在广泛地宣传环境保护思想，制定相应的环境保护法律法规。我国于 1979 年 9 月颁布了《中华人民共和国环境保护法（试行)》，并在 1983 年底国务院召开的全国第二次环境保护会议上将保护环境确立为我国的一项基本国策。1989 年 12 月 26 日正式修改颁布了《中华人民共和国环境保护法》。

二、环境保护的内容和要求

1. 资源的利用、保护

自然资源是指自然界中能够被人类利用的物质和能量的总和。人类的生产生活都离不开对资源的利用，资源的持续培育和利用是人类存在和发展的基础。资源可分为非可再生资源和可再生资源。近代以来，随着人口的大量增加，生活水平和生产力水平不断提高，人们对资源的利用规模和数量迅速扩大，人们一直在不受阻碍地以掠夺式方式利用地球资源，现在某些自然资源已经开始出现了耗竭的现象，某些自然资源受到了严重的破坏，特别是非可再生资源。非可再生资源一般是指那些被人类开发利用后会逐渐减少以致枯竭而不能再生的自然资源，如各种金属矿物、非金属矿石、化石燃料等。这些资源的储量是固定的，在开发利用中会不断减少，无法持续利用。对于非可再生资源，必须实行保护性开发，以便达到重复利用或尽可能延长利用期限的目的。因此，应该在地球生态系统可持续发展的限度内，避免自然资源的消耗殆尽，使资源能够可持续利用，这是我们人类的共同目标。

可再生资源主要指那些被人类开发利用后，能够依靠生态系统自身的运行力量得到恢复或再生的资源，如动物资源、植物资源、微生物资源、土地资源、水资源等。只要开发强度不超过承载力，这些资源是可以永续利用的。对于可再生资源，在合理开发利用的情况下，资源可以恢复更新再生产以致不断增长；在不合理的开发利用条件下，其可更新性就会受阻，使存量不断减少以致耗竭。例如，土壤侵蚀和水土流失导致土壤肥力下降，减少了土地资源存量；过度利用生物资源，减少了生物存量，降低了自然增长率，甚至会引起某些物种的灭绝。

因此，对可再生资源要采取积极措施，在利用过程中，促使其质的提高和量的扩大。对于易受污染或易被误用的资源，要正确把握其利用方向，预防破坏因素的出现。

2. 生态环境保护

生态系统的相对稳定是人类赖以生存和发展的必要条件，维护与保持生态平衡，促进它的良性循环和健康发展，是关系到人类前途和命运的重大问题。自然生态系统是在长期的历史发展中形成的。组成一个生态系统的生命系统和非生命系统的各种因素之间是互相协调的，如果从外部加进或减少其中某一重要环节，使物质和能量的输入与输出发生改变或超出它本身的自动调解能力，就可能使生态系统的平衡遭到破坏，从而引起生态环境问题。20 世纪以来，人类正以前所未有的规模和强度影响着环境，损坏和改变着自然生态环境，使全球生命支持系统的持续性受到严重威胁。这主要体现在人们在开发自然资源的同时，采取短视行为，忽视了生态环境的支持能力。一方面对有限的自然资源进行掠夺性开发，另一方面又将生产过程中的副产品大量排放到自然环境中，使许多原本健康和一些本来就十分脆弱的生态系统急剧退化和受损，其中包括土地荒漠化、水土流失、森林面积减少、植被破坏、生物多样性丧失等一系列生态灾难。

生态环境问题主要是由于不合理开发利用资源，或进行大规模工程建设等引发的生态环境质量恶化或自然资源枯竭等环境问题。在我国比较突出的有水土流失、荒漠化、森林和草地资源减少、生物多样性减少等。

（1）水土流失是我国生态环境最突出的问题之一，它对于环境的危害十分严重。水土流失的直接后果是破坏土地资源，使耕地的表土流失，带走大量的营养物质，降低土地肥力，最终导致土地生产力下降。

（2）土地荒漠化主要发生在干旱、半干旱和具有干旱灾害的半湿润地区，由于气候和人类活动等因素造成的土地退化，使其生物和经济生产潜力减少，甚至丧失。

（3）森林资源匮乏，草场退化。我国的森林资源还存在乱砍滥伐的问题。长期以来，对草原的粗放经营，不合理开垦，过度放牧，破坏了草原的生态平衡，使草原不断退化。

（4）生物多样性的减少。由于森林砍伐、草原退化、环境污染、自然灾害、过度捕捞捕猎，使我国大量的动植物生存环境受到破坏，种群数量不断减少。我国生物多样性面临严重威胁。

生态环境问题有自然的原因，但更重要的是人为原因。巨大的人口数量压力和不合理的开发活动是当今生态环境恶化的主要原因。生态保护的目标就是要维持健康的生态系统，达到资源与环境的可持续利用。我国生态环境的改善，要靠动员和组织全国人民依靠科学技术，加强对原有天然林和野生动植物资源的保护，大力推广植树种草，治理水土流失，防止荒漠化，建设生态农业，改善生产和生存条件，加强综合治理力度，完成一批对生态环境有重要影响的工程，扭转生态环境恶化的趋势，这样才能解决根本问题。

3. 环境污染

由于自然的和人为的过程改变了环境中某些原有的成分，或有毒有害物质进入环境并在环境中扩散、迁移、转化，使环境系统的结构与功能发生变化，对人类或其他生物的正常生存和发展产生不良的影响，这时就会造成环境污染。按污染物性质可以分为物理污染、化学污染、生物污染；按受到污染的环境要素可以分为大气环境污染、水环境污染、土壤环境污染。我国主要的环境污染问题有大气污染、水污染、固体废物污染和噪声污染等。

三、树立良好的环境伦理、道德观

环境保护取决于人的素质，环境保护是全社会所有人的责任，因此，必须在全社会形成保护环境的良好风气，树立正确的环境伦理、道德观。

环境伦理是指人对自然的伦理，它涉及人类在处理与自然之间的关系时如何界定正当、合理的行为，以及人类对自然界负有什么样的义务的问题。环境伦理观要回答的基本问题是人类对待自然环境的正确态度是什么，到底自然有没有价值，有什么样的价值。环境道德观则是人们如何有道德地去处理人与自然的关系。

四、环境保护的方法和途径

今天，环境问题已从局部地区扩展到全球，从对部分人有影响扩展到威胁全人类。当前人类所面临的主要环境问题表现为环境污染和生态破坏两大方面，具体有酸雨污染、气候变暖、臭氧层破坏、土地荒漠化、森林面积减少、物种灭绝与生物多样性锐减、水环境污染与水资源危机、水土流失、城市垃圾成灾、大气污染等。现代环境问题的污染源和破坏源众多，既来自人类经济的再生产活动，也来自人类的日常生活；既来自发达国家，也来自发展中国家；既来自污染物的直接污染，也来自污染物对自然环境的影响而产生新的污染物和破坏。环境问题的危害是随着环境污染的加剧而扩展的。现代的环境问题不仅明显损害人体健康，并且全球性的环境污染和生态破坏已经威胁到人类的生存与发展，对人类社会构成了巨大的威胁。因此，需要具体做好以下几个方面的工作：

• 工业“三废”（废水、废气、废渣）的防治。
• 生活“三废”（粪便、垃圾、污水）的防治。
• 粮食、副食品等食物污染的防治。
• 农药残毒的防治。
• 地温、地热、地面下沉的防治。
• 水土保护、土壤污染的防治。
• 噪声、放射性污染的防治。
• 综合利用自然资源，保护农业生态，建立自然保护区。
• 植树造林、绿化环境，净化空气。
• 加强水域管理，保护水源。
• 搞好城乡环境规划。
• 环境综合治理。

还需实施基本的环境保护工作：

1. 做好3项环境管理工作

（1）能够辨识和分析影响环境的重大危险源及其风险，有相应的管理和报告。

（2）制定环境保护管理的工作目标。

（3）制定和落实环境目标管理责任制。

2. 提升4个能力

（1）熟悉国家环境保护的法律法规。

（2）熟悉环境管理体系的认证。

（3）提高环境宣传教育水平。

（4）能够组织和准备环境管理体系审核、评审和认证的管理文件。

3. 处理好3个关系

（1）正确处理项目与环境保护的关系。

（2）正确处理项目当前进度与长远环境保护的关系。

（3）正确处理项目各方利益和环境保护的关系。

学习单元 2　环境保护宣传

学习目标

➢ 掌握环境保护宣传的要求

➢ 掌握环境保护宣传的方法

一、环境保护宣传的要求

环境保护宣传教育是社会主义精神文明建设的重要组成部分，对环境保护工作起着先导、基础推进和监督作用。环境保护意识如何，是衡量一个国家和民族文明程度的重要标志，开展环境宣传教育工作正是为了增强全民族的环境意识。提高公众环境保护意识是不断完善和正确贯彻各项环境政策、制度和法规的重要保障。只有人们掌握了一定深度与广度的环境科学知识，懂得了保护和改善环境的重要性，人们才会自觉并相互监督地遵守、执行各项环境政策和法规。《中共中央关于制定国民经济和社会发展第十个五年计划的建议》提出要开展环保教育，提高全民环保意识，实施可持续发展战略。中共中央在十四届五中全会就曾提出“搞好环境保护的宣传教育，增强全民环保意识”的战略任务。虽然环境保护方面的法制建设很重要，但环保宣传教育却有其他措施不可替代的作用。环保宣传教育能帮助人们树立正确的环保道德观和伦理观，能为环保法律的有效实施提供必不可少的道德基础。同时，道德、伦理是发自每个人内心的是非判断，对人的行为具有强大的约束力，可以提高公众环保行为的自觉性。因此，在我国，增强公众的环保意识是覆盖面最广、预防性最强、最能奏效的一种环保措施。

1. 突出环境污染危害的现实影响，强化公众的环保紧迫感

在环保问题上，先有观念转变才会有行动跟进。因此，前期环保宣传教育的首要任务，就是环保思想的宣传和理念的树立。在此过程中，最为重要是提高对环保紧迫性的认识。环境宣传教育的时间定位一定要从“未来”前移到“当代”，紧紧抓住典型实例，以翔实的数据和实例进行环保宣传教育，使公民在触目惊心中切实感到环境污染对我们现实的生存已构成直接的、严重的危害，从而高度重视并大大提高对环保紧迫性的认识。

2. 扩大环保宣传教育对象，有效实施全面的环保宣传教育

应大力加强对各级领导的环境保护宣传教育和考核。一方面，重点强化对各级领导的环境保护宣传教育，制定相应的领导学习和考核制度，强化各级领导的综合决策水平，确保政府能为公民提供合格的环保公共产品。另一方面，向领导宣传和请领导宣传必须结合起来。

3. 环境保护宣传教育的多样化和社会化

环境保护宣传教育的社会化内涵包括 3 个层次的内容：一是宣传对象的社会化；二是宣传力量的社会化；三是宣传在时间上的经常化和在空间上的普遍化。实现环境宣传教育的社会化就是要使全社会的每一个人，在每时、每刻、每处、每地都能受到环境保护宣传教育。

二、环境保护宣传的内容和方法

环境保护宣传的内容包括：

1. 公众的环保意识和环保法制观念教育。

2. 生态环境保护的宣传教育。

3. 环境国情、国策教育。

4. 生态环境保护培训。

5. 生态环境保护的基础教育、专业教育和社会公众教育。

6. 城市动物园、植物园等各类公园生态环境普及活动。

7. 新闻舆论监督，表扬先进典型，揭露违法行为。

8. 完善信访、举报和听证制度，充分调动广大人民群众和民间团体参与生态环境保护的积极性。

环境保护宣传的方法：

1. 开展全方位立体式的日常教育宣传工作

采取办宣传栏、开培训会、签订门前五包责任制等方式进行环保教育，常抓不懈。

2. 利用环保主题日开展强化宣传教育活动

每年的环保主题日是很好的环保宣传机会，通过集中、强化的宣传教育活动，可以提醒和强化人们的环保意识，以下是历年的环境日主题。

1974 年：只有一个地球（Oniy one Earth）

1975 年：人类民住（Human Settlements）

1976 年：水：生命的重要源泉（Water：Vital Resource for Life）

1977 年：关注臭氧层破坏、水土流失、土壤退化和滥伐森林（Ozone Layer Environmental Concern；Lands Loss and Soil Degradation；Firewood）

1978 年：没有破坏的发展（Development Without Destruction）

1979 年：为了儿童的未来——没有破坏的发展（Only One Future for Our Children—Development Without Destruction）

1980 年：新的十年，新的挑战——没有破坏的发展（A New Challenge for the New Decade：Development Without Destruction）

1981 年：保护地下水和人类食物链，防治有毒化学品污染（Ground Water；Toxic Chemicals in Human Food Chains and Environmental Economics）

1982 年：纪念斯德哥尔摩人类环境会议 10 周年——提高环境意识（Ten Years After Stockholm——Renewal of Environmental Concerns）

1983 年：管理和处置有害废弃物，防治酸雨破坏和提高能源利用率（Managing and Disposing Hazardous Waste：Acid Rain and Energy）

1984 年：沙漠化（Desertification）

1985 年：青年、人口、环境（Youth：Population and the Environment）

1986 年：环境与和平（A Tree for Peace）

1987 年：环境与居住（Environment and Shelter：More Than A Roof）

1988 年：保护环境、持续发展、公众参与（When People Put the Environment First，Development Will Last）

1989 年：警惕全球变暖（Global Warming；Global Warning）

1990 年：儿童与环境（Children and the Environment）

1991 年：气候变化——需要全球合作（Climate Change. Need for Global Partnership）

1992 年：只有一个地球——关心与共享（Only One Earth，Care and Share）

1993 年：贫穷与环境——摆脱恶性循环（Poverty and the Environment—Breaking the Vicious Circle）

1994 年：一个地球一个家庭（One Earth One Family）

1995 年：各国人民联合起来，创造更加美好的世界（We the Peoples：United for the Global Environment）

1996 年：我们的地球、居住地、家园（Our Earth，Our Habital，Our Home）

1997 年：为了地球上的生命（For Life on Earth）

1998 年：为了地球的生命，拯救我们的海洋（For Life on Earth—Save Our

Seas)

1999 年：拯救地球就是拯救未来（Our Earth-Our Future-Just Save It!）

2000 年：2000 环境千年，行动起来（2000 The Environment Millennium-Time to Act）

2001 年：世间万物　生命之网（Connect with the World Wide Web of life）

2002 年：让地球充满生机（Give Earth a Chance）

2003 年：水——20 亿人生于它（Water-Two Billion People are Dying for It!）

2004 年：海洋存亡，匹夫有责（Wanted! Seas and Oceans—Dead or Alive?）

2005 年：营造绿色城市，呵护地球家园！（Green Cities—Plan for the Plan!）

中国主题：人人参与　创建绿色家园

2006 年：莫使旱地变为沙漠（Deserts and Desertification—Don't Desert Drylands!）

中国主题：生态安全与环境友好型社会

2007 年：冰川消融，后果堪忧（Melting Ice—a Hot Topic?）

中国主题：污染减排与环境友好型社会

2008 年：促进低碳经济（Kick the Habit! Towards a Low Carbon Economy）

中国主题：绿色奥运与环境友好型社会

第6章

项目人力资源管理

第1节 项目组织结构

学习单元1 组织结构图的编制

学习目标

- 了解组织结构的概念
- 了解组织结构图的绘制
- 能够编制人员安排计划和组织结构图

一、组织结构和形式

1. 项目人力资源管理

项目人力资源管理可以按照发展进程划分为4个部分：项目组织规划、人员的获得与配备、激励机制的建立、团队建设。

(1) 项目组织规划

根据项目的总体要求和目标，分析项目的工作和任务，进而确定完成项目任务所需的所有角色，并最终确定各角色的权责以及他们之间的从属关系。

（2）人员的获得与配备

使用人力资源管理的科学方法和手段，通过各种渠道在内部或外部选聘合乎要求的项目组成人员，并将项目组织规划阶段确定的角色及其权责分配给各个成员，明确各成员之间的工作和从属关系。

（3）激励机制的建立

项目的完成和人员工作热情、积极性的保持，必须有一套合理、科学的利益分配、薪酬管理方法和激励机制作为支柱和保障。

（4）团队建设

项目团队的技术和管理能力，需要经过团队建设来培养、改进和提高，最终形成项目团队的整体工作能力，使项目团队成为一个战斗力强大的集体。项目团队组织建设包括团队组建管理、团队建设管理两个方面，涉及人力资源管理的方方面面。

2. 组织结构

项目的组织形式也就是它的结构，直接影响着项目的成功运作，组织的结构经常制约着组织在项目进行过程中对资源的获得、分配和使用。项目常见组织形式有职能式、矩阵式和项目式（详见基础知识）。组织结构可以表示为从职能型组织到项目型组织的组织谱，或者是介于两者之间的各种矩阵型组织。

二、组织结构图的绘制

1. 组织结构图的种类

组织结构图是说明组织各部门及职能科室、业务部门设置以及管理层次、相应关系的图。它又分为组织职务图、组织职能图和组织功能图。

组织职务图：表示各机构中所设立的各种职务的名称、种类的图。

组织职能图：表示各级行政人员或职员主要职责范围的图。

组织功能图：表示某个机构或岗位主要功能的图。

组织结构图常使用 3 种绘制方法，如图 6—1 所示：垂直图、横式图、圆形图。使用最多的是垂直图，垂直图从上到下列出组织机构和管理层次。此图简单清楚，

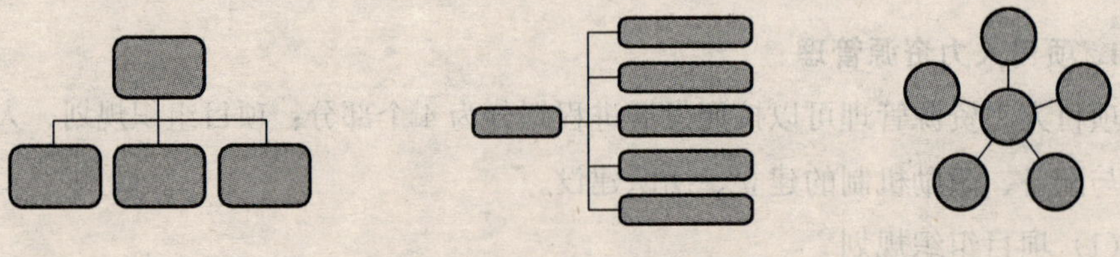

图 6—1　组织结构图图例

一目了然，便于解释。

2. 绘制组织结构图的规则

组织结构图通常按照如下规则绘制（以垂直图为例）：

（1）组织图应写明组织名称、制图日期、制图者职称或制图部门名称等，以标明该图的性质。如企业某个部门的组织图则应在标题上标明。

（2）用矩形框表示组织的一个单位或一个人员。

（3）矩形框的垂直排列位置表示等级中的相应地位。画在同一个水平线上的线框一般只包括相同等级的职位。

（4）用实线表示直线权力的流向。

（5）将主管人员的职务名称列在线框内，如果项目组织机构比较稳定，可标明各职务的现任者姓名。

（6）当为组织的某个部门画单独的组织图时，应该把对其负责的上级领导包括在内。

组织结构图分外部组织结构图和内部组织结构图。外部组织结构图重在描述和外部组织的接口。内部组织结构和外部组织结构有时也可在一张图中表示出来。

三、编制人员安排计划和组织结构图案例

某建筑工程项目组组织安排，如图 6—2 所示。

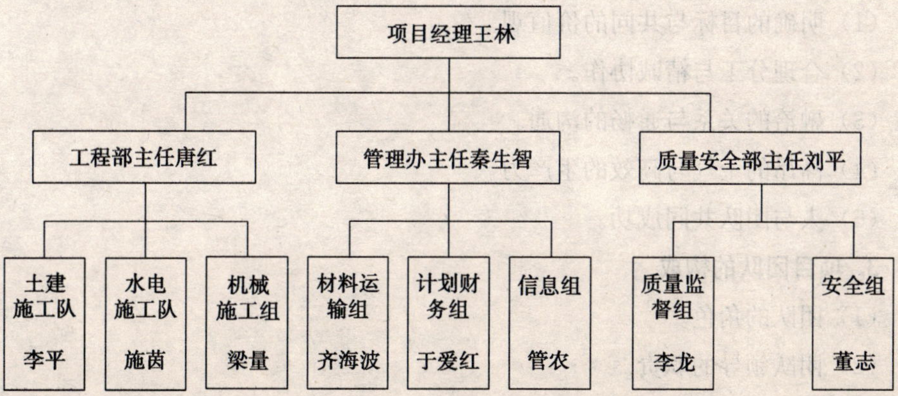

图 6—2　组织机构图

项目组成员 43 人：

1. 项目经理 1 人。

2. 项目部门主任 3 人：分别主管工程部、管理办和质量安全部。

3. 管理办 8 人：材料运输组 4 人，计划财务组 2 人，信息组 2 人。

4. 工程部 25 人：土建施工队 15 人，水电施工队 7 人，机械施工组 3 人。

5. 质量安全部 6 人：质量监督组 3 人，安全组 3 人。

学习单元 2 项目团队发展阶段划分

学习目标

- 了解项目团队的概念和特点
- 了解项目团队发展阶段的划分和特点

一、项目团队的概念和特点

1. 项目团队的概念

项目团队：为了实现一个共同的目标而协同工作的临时性组织。

项目团队建设的核心目标：将项目成员有效地组织起来，创造一种开放、自信、团结、协作的工作氛围，并强烈希望为实现项目目标作出贡献。

2. 项目团队的特点

（1）明确的目标与共同的价值观。

（2）合理分工与精诚协作。

（3）融洽的关系与通畅的沟通。

（4）高昂的士气与高效的生产力。

（5）人与团队共同成功。

3. 项目团队的构成

（1）团队的角色。

（2）团队领导的职责。

（3）团队成员的责任。

（4）管理制度、机制。

（5）项目团队的行为。

二、项目团队发展阶段及其特点

一个完整项目的生命期划分为启动阶段、规划阶段、实施阶段和收尾阶段。项目团队的发展从项目启动阶段开始进入组建期，经过疑问期、规范期、成熟期到项目的收尾期。

1. 项目团队组建期的特点

项目团队在组建期由于人员分别从各处聚合到一起，对于项目的目标、人员的构成、管理的办法等都不了解，所以存在很多不确定因素，这种不确定性必然影响到团队的组建。团队中的人与人之间、人与工作之间都需要一个熟悉和了解的过程。团队中的所有人在寻找和形成大家能够接受的行为的同时，团队也会逐渐形成能够普遍接受的规则。

2. 项目团队疑问期的特点

疑问期是项目团队矛盾焦点最集中的时期，团队成员会怀疑项目经理的领导能力，并对其他人的技术和管理能力提出质疑，规则和权威遭到抵制，唯一有共识的是所有人都接受了团队的存在，该阶段以高度的内部冲突为标志。项目团队的冲突和不和谐是这个阶段的一个显著特点。

3. 项目团队规范期的特点

团队结构和成员的行为已被接受，成员之间开始相互信任，工作关系和团队氛围日益友善，项目团队的信任和认同感得以发展，这需要尽快建立规则，规范成员的行为，使团队能够协调一致。

4. 项目团队成熟期的特点

这一阶段的工作绩效很高，成员的心理和行为日趋稳定，有集体感和荣誉感，信心十足。团队成员之间能够开放、坦诚、及时地进行沟通，技术和管理手段也成熟和稳定下来，领导的权威也得到相应的尊重。

5. 项目团队收尾期的特点

项目不能长期存在，项目团队也就不能长期存在，项目进入收尾期，项目团队也就进入了收尾期，这时一切不确定问题又开始出现。工程的技术、质量、进度和良好的工作表现不再是人们关注的焦点，项目结束后的去向成了主要主题。项目团队成员开始骚动不安，开始考虑自身今后的发展。项目团队仿佛又回到了组建阶段。也正是这时，成员们开始留念过去的美化时光，团队的一切对他们的影响是深刻的，甚至将影响他们今后的职业生涯。

第 2 节　项目工作分析

学习单元 1　工作分析的概念

学习目标

- 了解工作与岗位分析的概念
- 了解工作分析的作用

一、工作与岗位分析的概念

1. 工作分析的概念

工作分析是对项目各个工作职务的设置目的、性质、职责、权力和隶属关系、工作条件和环境以及职工为承担该项工作所需技能、责任和知识进行系统分析和研究的过程。工作分析的结果是形成工作说明书和工作规范。工作说明书是一份提供有关任务、职责信息的文件（工作的内容是什么）；工作规范包含了一个人完成某项工作所必备的基本素质和条件（雇用什么样的人来从事这一工作）。在工作分析的过程中有 3 个视角，分别是对工作内容的分析、对工作岗位特性的分析、对岗位任职员工的分析。

2. 岗位分析的概念

岗位分析是工作分析的具体化，它主要明确：谁从事此工作，岗位名称是什么，岗位的基本任务是什么，如何完成这些任务，使用什么设备，此任务的目的是什么，这个岗位的任务和别的岗位的任务的关系是什么，操作者对班组和机器的责任是什么，工作条件如何。同时，它必须说明工作者圆满完成岗位任务所需具备的条件：包括知识、技术、个人经历、受教育程度、体力状况、智力状况和适应性（主动性、灵活性）等。

3. 岗位设置情况描述

岗位描述，指对岗位名称、劳动活动的程序、责任、工作条件和环境等所进行的一般说明。

岗位要求，用来说明就职某一工作岗位的员工所必须具有的资格条件，如经验阅历、能力、技能、身体状况、兴趣等方面的要求。

二、工作分析的作用

1. 工作分析的结果

工作分析有助于准确描述工作，在此基础上最后形成可交付成果工作规范和工作说明书（又称职位说明书）两份，关于工作执行者实际在做什么，如何做以及在什么条件下做的书面文件。有些相对简单的工作分析可以将两份文件内容合并到一份工作说明书。

2. 工作分析的用途

工作分析所形成的职位说明书及工作规范对人力资源管理的具体用途如下：

（1）在编制人力资源规划时，可了解业务上所需人员的条件。

（2）在招聘人员时，可了解各职位所需人员的资历。

（3）在核定等级时，可按其工作职责核定其工资。

（4）在训练发展员工时，可根据工作所需技能对其加以培训。

（5）在考评工作人员时，可根据工作上的要求评定其等级。

学习单元 2　工作分析的方法

学习目标

- 工作规范和工作说明书编写方法
- 能够进行职务与岗位分析

一、工作规范的编写

工作规范是一个人为了完成某种特定的工作所必须具备的知识、技能、能力以及其他特征的一份目录清单。知识指的是为了成功地完成某项工作任务而必须掌握的事实性或程序性信息。技能指的是一个人在完成某项特定的工作任务方面所具有的熟练水平。能力指的是一个人所拥有的比较通用的且具有持久性的才能。其他特征所指的是类似一个人达成目标的动力或持久力等一些人格特征。

二、工作说明书的编写

工作说明书是对某工作的性质、任务、责任、权限、工作内容和方法、工作应用实例、工作环境和条件所给出的书面说明。工作说明书中，要对有关工作职责、工作活动、工作条件以及工作对人身安全的危害程度等工作特性方面的信息进行准确的书面描述。

例如，工作说明书的例子如下：

工作说明书

编号：305031	级别：初级	工作名称：会计员

一、职责总述：

（1）本类工作是在主管人员监督状态下，办理基层单位会计工作。

（2）遵守国家和企业的各种规章制度、法规以及主管部门（或主管人）的原则指示，编制预算或决算，审核原始凭证，处理账目，核算成本。

（3）处理各类数据要准确无误。

（4）按时按质量向有关主管人员呈报财务统计报表及文字说明。

二、所受监督：

（1）直接接受本科室主管人员的指令和监督。

（2）在规定的权限内，一般例行公事可独立处理，有关重要事项须向上级请示，经批准后方可执行。

三、所施监督：

在一般情况下，无监督、指挥他人的权限。

四、工作举例：

负责基层单位会计工作。包括：①编制预算、决算。②编制会计报表（月份、季度、年度）。③填发记账通知单。④等级、整理总台账。⑤审核原始凭证。⑥等级成本账。⑦编制传票。⑧账册凭证装订、保管。

五、所需资格条件：

（1）大学会计专业或高级专业学校毕业，担任两年以上的会计实务工作，具有实际工作经验。

（2）了解本部门、企业的会计及审计制度。

（3）了解国家及地区有关的方针、政策、法令、规定。

（4）具有一般的分析、判断、计算、记忆力。

（5）具有专业知识和科研能力。

六、晋升：助理会计师

七、与其他工作的关系：

八、工作评价结果：

九、工作时间：

在制度时间内工作，上白班（8:00—17:00）一般无须加班加点。

十、工作环境和条件：

十一、其他事项：

三、工作规范和工作说明书的关系

1. 编制目的

工作规范说明“什么样的人员才能胜任本工作要求”，为组织员工甄选、聘用提供标准；工作说明书说明员工应该从事的工作，对工作进行全面、系统、深入地说明，为工作评价、归级提供依据。

2. 内容范围

工作规范的内容主要涉及人员的任职资格条件等方面；工作说明书主要包括对工作各事项性质、特征方面的说明。

3. 具体形式

工作规范由有关部门统一审定，颁发标准，按照标准化的原则确定；工作说明书一般不受标准化原则制约，形式多样化，内容繁简程度不一，项目团队可以根据实际需要而编制。

职务与岗位分析案例

工作描述

工作名称：检修工

工作的总体描述：

负责在一定工作区域内运转的所有机器设备的维护和修理工作。其中包括公司车辆、销售设备以及工作场所中所使用的机器设备的养护服务。

1. 关键职责（40%）：设备保养

任务：保存对机器设备所做保养的所有记录。根据保养时间要求更换零部件以及添加润滑剂。定期检查机器设备上的量器和负荷指示器，以发现可能表现设备出现问题的不正常现象。根据要求完成非常规性的保养任务，还有可能包括对执行维护任务的操作工进行有限监督和培训的任务。

2. 关键职责（40%）：设备维修

任务：要求对设备进行检查并提出报废或修理某一零部件的建议。如果设备需要被修理，则保全工需要采取必要的措施来使该零部件恢复正常工作，其中包括使用各种手工工具和设备来对零部件进行部分或者全部的重组。最主要的是内燃机和水压机的全面大修以及故障排除。

3. 关键职责（10%）：测试与批准

任务：确保所有要求完成的保养和维修工作均已完成，并且必须是按照设备生产商所提供的说明书来进行保养和维修；批准或否决某设备已经达到在某工作中被使用的条件。

4. 关键职责（10%）：库存保持

任务：保持设备保养和维修所需要的库存零部件；负责以最低的成本采购令人满意的零部件。

5. 非关键职能：上级分配的其他职责

编写工作规范和工作说明书案例

工作规范书

编号：140020		联系：
工作名称：中级文书		职级：
相似工作：部门主管秘书		职等：
低一级工作：140010	初级文书	
高一级工作：140030	高级文书	

续表

一、职责总述 在一般监督之下完成文书工作。本工作较为复杂，如汇总各种资料；准备各类数据资料，并编辑、汇总、分类；草拟各种报告、请示、文件、通知、公告、工作总结；速记会议发言等。对完成这些工作负有很重要的责任。
二、工作时间 一般在制度时间内完成，无须加班加点。
三、工作评价 基本训练：　　　　工作环境： 熟练程度：　　　　工作责任： 智力条件：　　　　教育程度： 体力条件：　　　　其　他： 本工作评价结果：（略）
四、资格条件 1. 学历：至少高中毕业，中专毕业更为理想。 2. 经历：至少担任低一级岗位 3 年以上。 3. 熟练：要有较高工作熟练程度，如打字每分钟至少 130 字，150～180 字最为理想。
五、考核项目 1. 校对稿件：每分钟至少 40 字，最佳 60 字。 2. 打字：每分钟至少 45 字，超过 55 字最为理想。 3. 速记：每分钟至少 100 字，120 字为合格。 4. 专门知识：《秘书学》《速记方法》《文书写作》等。 5. 写作能力：行文的格式、语言通顺简洁，内容充实，结构严谨。 6. 心理测验：考察情绪稳定性、接受外界讯号灵敏、机警性。
六、本工作后备来源 1. 初级文书（企业现任）。 2. 担任过此类工作而正在自学深造的人员。 3. 从专业学校招收。 4. 从社会上招聘符合条件的人员。
七、身体条件
八、残疾人担任本工作的可能性 如有跛足而具备各种资格条件的人也可聘用。
九、性别与年龄要求 男女均可，一般应在 30 岁以下。
十、工作条件 办公室内完成工作任务。
十一、其他补充事项

第7章 项目沟通管理

第1节 礼仪的基本知识

学习单元1 日常交往中的礼仪

学习目标

- ➢ 掌握礼仪的分类
- ➢ 掌握社交礼仪的作用
- ➢ 掌握日常交往中常见的礼仪知识

一、概述

礼仪是人类为维系社会正常生活而要求人们共同遵守的最起码的道德规范，它是人们在长期共同生活和相互交往中逐渐形成并且以风俗、习惯和传统等方式固定下来的一系列规程。对一个人来说，礼仪是一个人的思想道德水平、文化修养、交际能力的外在表现，对一个社会来说，礼仪是一个国家社会文明程序、道德风尚和生活习惯的反映。重视、开展礼仪教育已成为道德实践的一个重要内容。

礼仪、礼节、礼貌内容丰富多样，但它有自身的规律性，其基本原则有敬人的原则、自律的原则和适度的原则。

从个人的角度来看：礼仪的主要功能一是有助于提高人们的自身修养；二是有助于美化自身、美化生活，有助于促进人们的社会交往，改善人们的人际关系，还有助于净化社会风气。从团体的角度来看，礼仪是企业文化、企业精神的重要内容，是企业形象的主要附着点。

在日常生活中应该自觉地应用礼仪知识，如卫生和仪表举止就是最基本的礼仪。

清洁卫生是仪容美的关键，是礼仪的基本要求。不管长相多好，服饰多华贵，若满脸污垢，浑身异味，那必然破坏一个人的美感。因此，每个人都应该养成良好的卫生习惯，做到入睡起床洗脸、脚，早晚、饭后勤刷牙，经常洗头、洗澡，讲究梳理勤更衣。

服饰反映了一个人文化素质的高低，审美情趣的雅俗。具体说来，它既要自然得体，协调大方，又要遵守某种约定俗成的规范或原则。服装不但要与自己的具体条件相适应，还必须注意客观环境、场合对人的着装要求，即着装打扮要优先考虑时间、地点和目的三大要素，并努力在穿着打扮的各方面与时间、地点、目的保持协调一致。

站立是人最基本的姿势，是一种静态的美。站立时不要歪脖、斜腰、屈腿等，在一些正式场合不宜将手插在裤袋里或交叉在胸前，更不要下意识地做些小动作，那样不但显得拘谨，给人缺乏自信之感，而且也有失仪态的庄重。

坐是一种静态造型。端庄优美的坐，会给人以文雅、稳重、自然大方的美感。正确的坐姿应该：腰背挺直，肩放松。在正式场合，入座时要轻柔和缓，起座要端庄稳重。不论何种坐姿，上身都要保持端正，做到如古人所说的“坐如钟”。

二、日常交往中常见的礼仪知识

1. 个人礼仪

（1）仪表

仪表是指人的容貌，是一个人精神面貌的外观体现。一个人的卫生习惯、服饰的形成和保持端庄、大方的仪表有着密切的关系。仪表包括卫生和服饰。

（2）言谈

言谈作为一门艺术，也是个人礼仪的一个重要组成部分。

1）礼貌。态度要诚恳、亲切；声音大小要适宜，语调要平和沉稳；尊重他人。

2）用语。敬语，表示尊敬和礼貌的词语。要努力养成使用敬语的习惯。现在，我国提倡的礼貌用语是 10 个字："您好""请""谢谢""对不起""再见"。这 10 个字体现了语言文明的基本的语言形式。

（3）仪态举止

仪态举止包括谈话姿势、站姿、坐姿、走姿。

2. 见面礼仪

（1）握手礼

握手是一种沟通思想、交流感情、增进友谊的重要方式。与他人握手时，目光注视对方，微笑致意，不可心不在焉、左顾右盼，不可戴手套与人握手。在正常情况下，握手的时间不宜超过 3 秒，必须站立握手，以示对他人的尊重、礼貌。

（2）鞠躬礼

鞠躬，意即弯身行礼，是对他人敬佩的一种礼节方式。鞠躬时必须立正、脱帽，不应边鞠躬边说与行礼无关的话。鞠躬前目视对方，以表尊重的诚意。

（3）致意

致意是一种不出声的问候礼节，常用于相识的人在各种场合打招呼。在社交场合里，人们往往采用招手致意、欠身致意、脱帽致意等形式来表达友善之意。

3. 会议礼仪

会议的通用礼仪主要有以下几点：

（1）发放会议通知时应阐明会议目的。

（2）拟发好会议通知。会议通知必须写明开会时间、开会地点、会议主题及参加者等内容。要提前一定的时间发通知，以便使参加者有所准备。

（3）安排好会场。会场的大小，要根据会议内容和参加者的多少而定。如果会场不易寻找，应在会场附近安设路标作为指示。

（4）开会的时间要紧凑。开"马拉松"式的长会，往往上面在作长篇报告，下面却在交头接耳，呵欠不断。所以，"短小精悍"，有效地利用时间，讨论实质性的问题，应视为开会礼仪中十分重要的一条。

（5）迎送礼仪。凡是一些大型或中型会议，对会议参加者要认真做好迎送工作。一般应在会前组成一个会务组，专门处理有关问题。

4. 餐饮礼仪

餐饮是人际交往中常见的交际活动形式之一，恰到好处的宴请，会为双方的友谊增添许多色彩。赴宴要准时，赴宴前应修整仪容及装束，力求整洁大方。在餐饮排位时，客人要听从主人的安排。入座后，主人招呼，即可开始进餐。吃东西时要文雅、闭嘴，细嚼慢咽。当主人起身祝酒时，应暂停进餐，注意倾听。碰杯时，主人和主宾先碰。人多时可同时举杯示意，不一定碰杯。饮酒不要过量，可敬酒，但不要硬劝。

学习单元 2　商务礼仪

学习目标

- 能够理解商务礼仪的基本知识
- 能够知晓商务礼仪在商务活动中的作用
- 能够在项目活动中自觉地应用商务礼仪

一、商务礼仪的定义

商务礼仪是人在商务交往中的艺术。商务礼仪的基本理念是“尊重”，这里包括自尊和互尊。

商务交往中，自尊很重要，尊重别人更重要。主要事项有：

1. 定位

对交往对象要进行准确定位，就是你要知道对方是什么人，然后才能决定怎样对待他。另外要讲规矩，比如接受名片，要求是有来有往，要是没有也要比较委婉地回答，可以告诉对方没带或用完了。商务交往中有时是需要一种“善意的欺骗”。

2. 善于表达

商务礼仪是一种形式美，交往的内容与形式是相辅相成的，形式表达一定的内容，内容借助于形式来表现。不善于表达或表达不好都不行，表达要注意环境、氛围、历史文化等因素。对对方好要让对方知道，这是商务交往中的一个要求。

3. 形式规范

讲不讲规矩，是企业员工素质的体现，是企业管理是否完善的标志；有了规矩不讲规矩，说明企业没有规矩。讲形式规范就是要提高员工素质和提升企业形象。

在商务交往中如何体现沟通技巧，达到最好的交际效果。沟通其实就是相互理解，是双向的。把握 3 个原则：第一，自我定位准确；第二，为他人定位准确；第三，遵守惯例。

二、商务礼仪的基本特征

1. 规范性

规范也就是标准化的要求。商务礼仪的规范是一个舆论约束，与法律约束不同，法律约束具有强制性。例如，吃自助餐，多次少取，几次都可以；介绍别人时的先后顺序，不分男女，不分老少是不对的，应该是先介绍客人，后介绍主人。理论上讲叫做客人有优先了解权，这是尊重客人的表现。

2. 区分对象，因人而异

如引导者和客人的顺序，客人认识路时，请客人走在前面，不认识路时引导者要在左前方引导。

3. 技巧性

主席台上的座位的排列应该遵循 3 项基本原则，前面的人高于后排，中央高于两侧，左右的确定是有技巧的，左侧高于右侧，是传统官方活动的政务礼仪，左右的确定是当事人之间的位置来讲的，与别人没有关系。涉外交往和商务交往讲国际惯例，国际惯例正好相反，右高左低。

三、商务礼仪的作用和目的

商务礼仪的作用简单地说即是内强素质，外树形象，建立沟通。

第一个作用就是提高商务人员的个人素质。市场竞争最终是人员素质的竞争，对商务人员来说，其素质就是个人修养和个人表现。教养体现于细节，细节展示素质。所谓个人素质就是在商务交往中待人接物的基本表现。

第二个作用是维护形象。个人、企业和国家形象。商务礼仪就是要维护企业形象。

第三个作用有助于建立良好的人际沟通。交往中不懂礼貌，不懂规矩有时会把事情搞坏。

四、商务礼仪的适用范围

1. 初次交往要讲究商务礼仪

到一个企业看其管理要看 3 个要点：一是有没有噪声；二是着装是否规范；三是距离是否有度。一般来说，人际交往常规距离有：

(1) 私人距离，小于 0.5 米。

(2) 常规距离（交际距离），0.5～1.5 米之间。

（3）礼仪距离（尊重的距离），对长辈、对领导，1.5～3 米之间，拉开距离维护尊严。

（4）公共距离，3.5 米或 3.5 米以上。

2. 公务交往要讲商务礼仪

有两方面的作用：第一，和交往对象划清界限，保持适当的距离。就是同学、朋友也要称呼李总、王经理等，以便划清利害关系；第二，维护企业形象。

3. 涉外交往要讲商务礼仪，要尊重对象的风俗习惯

这 3 种场合要讲商务礼仪，除此之外没必要讲究。

五、商务谈判礼仪

商务谈判之前首先要确定谈判人员，与对方谈判的代表其身份、职务要相当。

谈判代表要有良好的综合素质，谈判前应整理好自己的仪容仪表，穿着要整洁正式、庄重。男士应刮净胡须，穿西服必须打领带。女士穿着不宜太性感，不宜穿细高跟鞋，应化淡妆。

布置好谈判会场，采用长方形或椭圆形的谈判桌，门右手座位或对面座位为尊，应让给客方。

谈判前应对谈判主题、内容、议程做好充分准备，制订好计划、目标及谈判策略。

1. 谈判之初

谈判之初，双方接触的第一印象十分重要，言谈举止要尽可能营造出友好、轻松的谈判氛围。

作自我介绍时要自然大方，不可露傲慢之意。被介绍到的人应起立微笑示意，可以礼貌地说“幸会”“请多关照”。询问对方要客气。如有名片，要双手接递。介绍完毕，可选择双方共同感兴趣的话题进行交谈。稍作寒暄，以沟通感情，营造舒适的气氛。

谈判之初的姿态动作也对把握谈判气氛起着重大作用，注视对方时，目光应停留在对方双眼至前额的三角区域正方，这样使对方感到被关注，觉得你诚恳严肃。手心冲上比冲下好，手势自然，不宜乱打手势，以免造成轻浮之感。切忌双臂在胸前交叉，那样显得十分傲慢无礼。

谈判之初的重要任务是摸清对方的底细，因此，要认真听对方谈话，细心观察对方举止表情，并适当给予回应，这样既可了解对方意图，又可表现出尊重与礼貌。

2. 谈判之中

这是谈判的实质性阶段，主要是报价、查询、磋商、解决矛盾、处理冷场。

（1）报价。要明确无误，恪守信用，不欺骗对方。在谈判中报价不得变换不定，对方一旦接受价格，则不再更改。

（2）查询。事先要准备好有关问题，选择气氛和谐时提出，态度要开诚布公。切忌气氛比较冷淡或紧张时查询，言辞不可过激或追问不休，以免引起对方反感甚至恼怒。但对原则性问题应当力争不让。对方回答查问时不宜随意打断，答完时要向解答者表示谢意。

（3）磋商。讨价还价事关双方利益，容易因情急而失礼，因此更要注意保持风度，应心平气和，求大同，存小异。发言措辞应文明礼貌。

（4）解决矛盾。要就事论事，保持耐心、冷静，不可因发生矛盾就怒气冲冲，甚至进行人身攻击或侮辱对方。

（5）处理冷场。此时主方要灵活处理，可以暂时转移话题，稍作缓解。如果确实已无话可说，则应当机立断，暂时中止谈判，稍作休息后再重新进行。主方要主动提出话题，不要让冷场持续过长。

3. 谈后签约

签约仪式上，双方参加谈判的全体人员都要出席，共同进入会场，相互致意握手，一起入座。双方都应设有助签人员，分立在各自一方代表签约人外侧，其余人排列站立在各自一方代表身后。成功的商务谈判都是谈判双方出色运用语言艺术的结果。

六、商务中仪态的禁忌

1. 商务交往中言谈内容的禁忌

商务交往中有 6 种话题不得涉及：第一，不能非议国家和政府；第二，不涉及国家和行业秘密；第三，不能涉及对方内部的事情；第四，不能在背后谈论领导、同事、同行；第五，不能谈论格调不高的话题；第六，不涉及私人问题。这里有一个“私人问题五不问”的国际惯例：第一不问收入；第二不问年龄；第三不问婚姻家庭；第四个不问健康问题；第五不问经历。比如婚姻家庭问题，因为家家都有难念的经；两种人不问年龄，一是将近退休的人，二是白领丽人。商务人员不谈健康，朋友可以问，外人不可以问。

2. 说话的禁忌

世上没有十全十美的人，不可随便说人家的短处或揭发别人的隐私。首先我们所知道关于别人的事情不一定可靠，也许另外还有许多隐情并非你所详悉。若贸然把你所听到的片面之言宣扬出去，就会颠倒是非，混乱黑白。人际关系十分复杂，若不知内幕，则不宜评说。

3. 涉外礼仪的禁忌

在国际交往中，礼宾是一项很重要的工作，许多外事活动，往往是通过各种交际礼宾活动进行的。一般来说，各种交际活动，国际上都有一定惯例，但各国往往又根据本国的特点和风俗习惯，有自己独特的做法。我们在对外交往中除应发扬我国礼仪之邦的优良传统，除注意礼貌、礼节之外，还应尊重各国、各民族的风俗习惯，了解它们不同的礼节和礼貌的做法，从而使得我们在对外活动中真正做到不卑不亢，以礼相待。

第 2 节　沟通的基本知识

学习目标

- 能够理解沟通及沟通管理的基本模式、类型
- 学习人际沟通和组织沟通的基本知识

一、沟通的基本模式、类型和意义

1. 沟通的基本模型

沟通的基本模型，如图 7—1 所示。

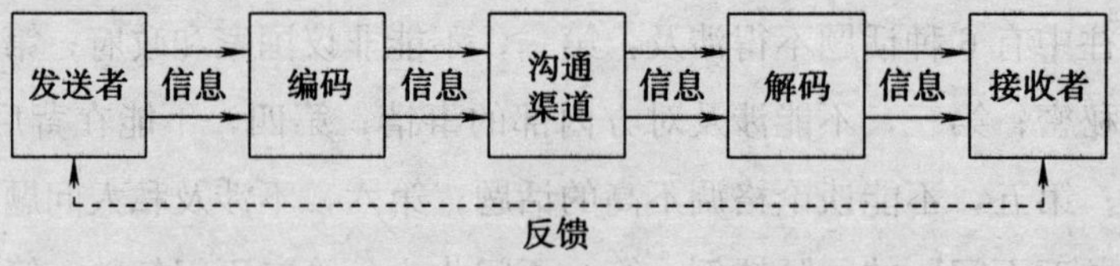

图 7—1　沟通的基本模型

（1）沟通要有发送者和接收者，即沟通的需求双方。

（2）沟通要有信息。沟通过程开始于信息，但这种信息不像有形物品一样由发送者直接传递给接收者，而是必须被转换成“代码”，如语言、身体动作、面部表情和符号语言等。沟通是通过信息的传递完成的，而信息的传递则是通过一系列符

号实现的。

（3）沟通要有渠道。口头沟通的渠道主要是面对面的交谈、面对大众的演讲、打电话等；而书面沟通的渠道则是通知、信函、报告书、邮件、传真等。

（4）沟通要有效。信息发送者把信息转换成代码传送出去，经过一定的沟通渠道传至接收者。如果信息没有被传递到对方，则意味着沟通没有发生；如果信息在被传递之后被接收者充分理解了，这才是真正的沟通。只有当接收者感知到的信息与发送者发出的信息完全一致时，才完成一个有效的沟通过程。

项目管理离不开有效的沟通，沟通管理就是对项目信息的管理，包括对信息传递的内容、方法和过程进行全面的管理，管理目标是保证有关项目产生的信息能够及时以合理的方式收集、处理、储存和交流。

项目沟通管理确保通过正式的结构和步骤及时和适当地对项目信息进行收集、分发、储存和处理，并对非正式的沟通网络进行必要的控制，以利于项目目标的实现。

2. 沟通的类型

项目沟通的类型和方式多种多样，如图 7—2 所示，而且往往相互交织在一起，共同发挥作用。

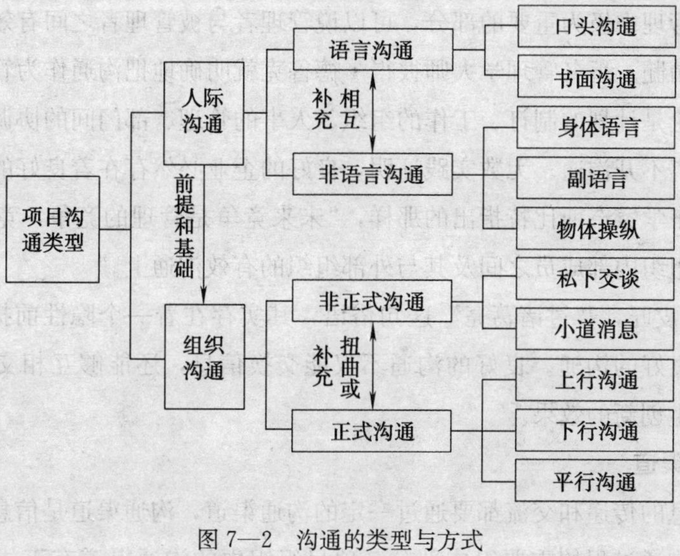

图 7—2　沟通的类型与方式

（1）人际沟通和组织沟通

在项目内部既存在人与人之间的沟通，也存在部门与部门之间的沟通。人际沟通和组织沟通是项目沟通的两种基本类型。人际沟通是指两个或两个以上项目团队成员之间的沟通。人际沟通主要是通过语言交流来实现，同时还包括情感、思想等的非语言交流，借助信息技术的交流等，良好的人际沟通是进行组织沟通的前提和基础。组织沟通是指项目内部的部门与部门之间的信息交流、传递和理解活动，一般包括正式沟通和非正式沟通两种方式。

（2）语言沟通和非语言沟通

语言沟通是利用语言、文字、图画等进行信息传递和交流而建立起来的，通常包括书面沟通和口头沟通两种形式。非语言沟通则是利用动作、表情、姿态等身体语言建立起来的。一个动作、一个表情、一个姿势都可以向项目团队成员传递某种信息。有时候非语言沟通在项目沟通中所起的作用并不亚于纯粹的语言沟通。

（3）正式沟通和非正式沟通

正式沟通是指依据项目团队正式规定的组织程序，按照权力等级链建立起来的沟通类型，如团队规定的会议制度、报告制度以及团队之间的交往等。非正式沟通是指不通过正式沟通渠道而进行的信息传递和交流，如团队成员之间私下的交谈、小道消息等，是由于项目团队成员的感情和动机上的需要而形成的。非正式沟通非常复杂，信息常常通过社会关系从一个成员传递给另一个成员，而且这些信息经常会被曲解，与正式沟通相矛盾，但有时也会成为正式沟通的补充。

3. 沟通的意义

沟通是管理中极为重要的部分，可以说管理者与被管理者之间有效沟通是任何管理艺术的精髓。著名管理学大师彼得·德鲁克就明确地把沟通作为管理的一项基本职能。无论是计划的制订、工作的组织、人事的管理、部门间的协调还是与外界的交流，都离不开沟通。无数实践证明，良好的企业必然存在着良好的沟通。正如美国著名未来学家奈斯比特指出的那样，“未来竞争是管理的竞争，竞争的焦点在于每个社会组织内部成员之间及其与外部组织的有效沟通上。”

“三个臭皮匠，赛过诸葛亮”这句俗语，其实存在着一个隐性前提，那就是3人之间有着良好的沟通。良好的沟通不仅能交换信息，还能够互相交融、互相促进，从而产生创新的效果。

4. 沟通渠道

任何信息的传递和交流都要通过一定的沟通渠道，沟通渠道是信息传递和交流的路径，是沟通过程的重要组成部分。项目组织内的沟通渠道有正式与非正式之分。在一个项目组织内都会明文规定信息传递的渠道，这样的沟通渠道是正式的沟通渠道。除正式沟通渠道之外，一个项目组织内的信息还会通过非正式沟通渠道进行传递和交流。

在正式的沟通渠道中，发送者并不一定把信息直接传给接收者，而是要经过一些中间人的转发，这样沟通渠道就会表现为一定的网络结构。5 种典型的沟通网络，如图 7—3 所示，包括链式、轮式、环式、全通道式和 Y 式沟通网络。图中的圈可看做是一个成员或一个组织，箭头表示信息传递的方向。

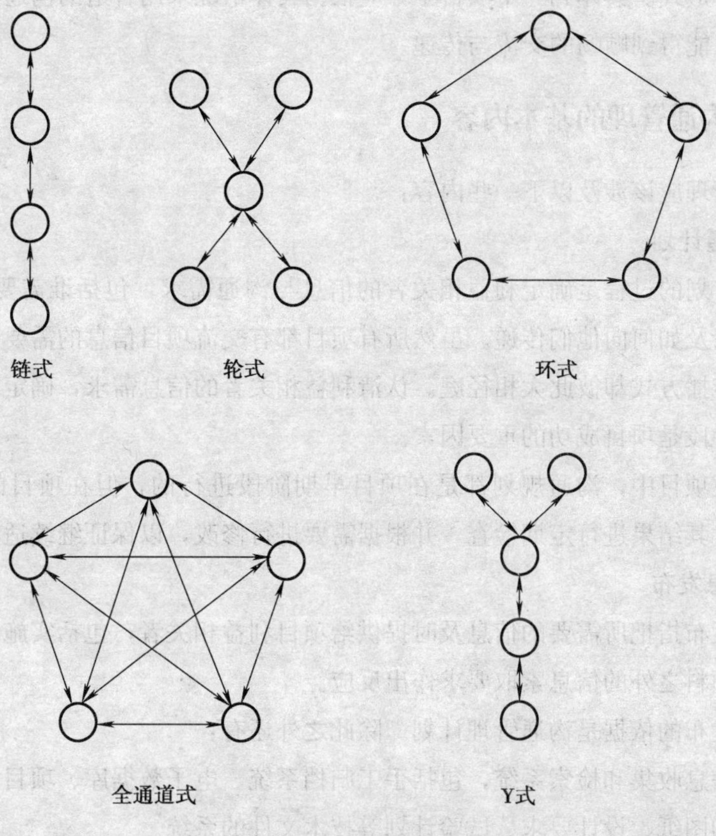

图 7—3　5 种沟通渠道

在链式沟通网络中，信息自上而下或自下而上地逐级传递。在轮式沟通网络中，主管人员作为信息中心和全面了解情况的人分别同其下属部门发生联系，向各下属部门发出指令，并汇集和传递来自各个部门的信息；下属各部门和基层人员之间不发生联系，只分别掌握本部门的情况，接受主管人员的指令并反馈信息。在环式沟通网络中，每个成员或组织可与其相邻的两个成员或组织进行信息沟通。在全通道式沟通网络中，每个成员之间都有一定的联系，彼此十分了解。Y 式沟通网络兼具链式和轮式的特点。

5 种沟通网络相比较而言，链式沟通网络传递信息的速度最快；轮式沟通网络有助于加强控制和提高工作效率；环式沟通网络有助于提高群体成员的士气；全通道式沟通网络的民主气氛浓厚，成员之间的合作精神很强；Y 式沟通网络兼有链式和轮式的优缺点。根据5种沟通网络的优缺点，在解决简单问题时，链式和轮式的效率最高，而在解决复杂问题时，则环式和全通道式最为有效。

以上介绍了5种典型的沟通渠道，但实际中的沟通渠道可以多种多样，不只限于以上5种形式。具体到一个项目中，应根据具体情况采用合适的沟通渠道，以保证项目信息能得到顺畅的交流与传递。

二、沟通管理的基本内容

沟通管理应该涉及以下一些内容：

1. 沟通计划

沟通计划的过程是确定利益相关者的信息与沟通需求，包括谁需要何种信息，何时需要以及如何向他们传递。虽然所有项目都有交流项目信息的需要，但信息的需求及其传播方式却彼此大相径庭。认清利益相关者的信息需求，确定满足这些需求的恰当手段是项目成功的重要因素。

在多数项目中，沟通规划都是在项目早期阶段进行的，但在项目的整个过程中，都应对其结果进行定期检查，并根据需要进行修改，以保证继续适用性。

2. 信息发布

信息发布指把所需要的信息及时提供给项目利益相关者，包括实施沟通管理计划以及对预料之外的信息索取要求作出反应。

信息发布的依据是沟通管理计划。除此之外还有：

（1）信息收集和检索系统，包括手工归档系统、电子数据库、项目管理软件以及可调用的图纸、设计要求、试验计划等技术文件的系统。

（2）信息发布系统，信息发布系统指在项目整个生命期内，即时收集信息并与项目利益相关者共享信息，将信息发布给利益相关者。

（3）经验教训总结过程，经验教训总结过程强调识别项目工程成功和失败的经验教训，包括为如何改进项目的未来绩效提供建议。在项目生命期中，项目团队和关键利益相关者识别项目技术、管理和过程方面的经验教训。在整个项目期间都需对经验教训进行汇编、格式化和正式归档。

（4）信息发布即成果，包括计划、方针、程序和指导原则，请求的变更，绩效报告。

3. 绩效报告

（1）依据。绩效报告的依据有工作绩效信息、绩效衡量、完工预测、质量控制量变结果、项目管理计划、批准的变更请求、可交付成果。

（2）编制绩效报告所用的工具与技术有信息演示工具、绩效信息收集和汇总、状态审查会、工时汇报系统、费用汇报系统。

（3）最终成果即是绩效报告。

4. 利益相关者管理

利益相关者管理是指对沟通进行管理，以满足利益相关者的需求并与利益相关者一起解决问题。对利益相关者进行积极管理，可促使项目沿预期轨道行进，而不会因未解决的利益相关者问题而脱轨。同时进行利益相关者管理，可提高团队成员协同工作的能力，并限制对项目产生的任何干扰。通常，由项目经理负责利益相关者管理。

三、人际沟通基本知识

根据信息载体的异同，沟通可分为语言沟通和非语言沟通。语言沟通建立在语言文字的基础上，又可细分为口头沟通和书面沟通两种形式。沟通的种类如图 7—4 所示。

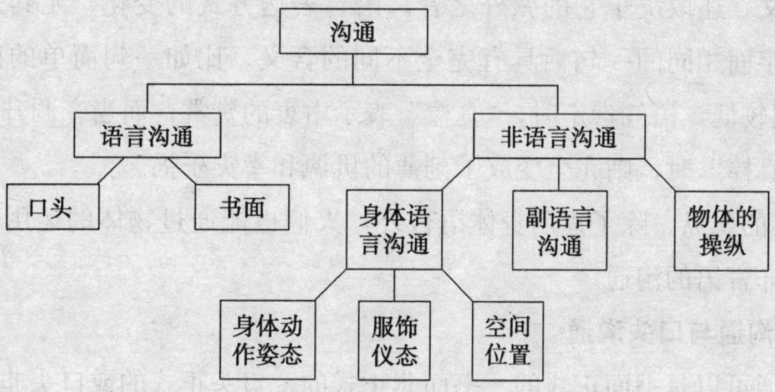

图 7—4　沟通的种类

1. 语言沟通和非语言沟通

根据沟通中传递信息所采用的手段是语言还是非语言，可以把沟通分为语言沟通和非语言沟通。

（1）语言沟通

语言沟通是利用语言、文字、图画、表格等手段进行的信息沟通。无论是在项目沟通中，还是在人们的日常生活中，语言沟通都是使用最普遍的一种沟通形式。

非语言沟通是利用语言以外的方式进行的沟通，如动作、表情、语调等。非语言要素对沟通有很大的影响，一名研究者发现，在口头交流中，信息的 55％来自面部表情和身体姿态；38％来自语调而仅有 7％来自真正的词汇。一个人细微的动作常常反映了他的想法，所谓“察言观色”就是强调非言语的重要性。语调是个体对词汇或短语的强调，同样是一句话（如“你这是什么意思?”），轻柔、平稳的声调与刺耳尖利、重音放在不同位置的语调所产生的意义完全不同。

（2）非语言沟通

人们非常希望用非语言沟通的方式诸如面部表情、语音语调等，来强化语言沟通的效果，但也并不是总能做到这一点。显然，非语言沟通既能强化语言沟通的效果，也能起相反的作用，关键在于沟通人员对它的掌握和运用。

非语言沟通内涵十分丰富，熟为人知的领域是身体语言沟通、副语言沟通、物体的操纵等。

1）身体语言沟通。身体语言沟通是通过动态无声的目光、表情、手势语言等肢体动作或者是静态无声的身体姿势、空间距离及衣着打扮等形式来实现沟通。

2）副语言沟通。副语言沟通是通过非语词的声音，如重音、声调的变化、哭、笑、停顿来实现的。心理学家称非语词的声音信号为副语言。最新的心理学研究成果揭示，副语言在沟通过程中起着十分重要的作用。一句话的含义往往不仅取决于其字面的意义，还取决于它的弦外之音。语音表达方式的变化，尤其是语调的变化，可以使字面相同的一句话具有完全不同的含义。比如一句简单的口头语“真棒”，当音调较低，语气肯定时，“真棒”表示由衷的赞赏；而当音调升高，语气抑扬，说成“真棒”时，则完全变成了刻薄的讥讽和幸灾乐祸。

3）物体的操纵。除了运用身体语言外，人们也能通过物体的运用，环境布置等手段进行非言语的沟通。

2. 书面沟通与口头沟通

语言沟通可以是书面正式的、书面非正式的、口头正式的或口头非正式的，因此语言沟通可以进一步分为书面沟通和口头沟通。

书面沟通是指用书面形式所进行的信息传递和交流，如通知、文件、报告、信件、备忘录等，是最为正式的一种沟通方式。这种沟通的优点是信息可以长期保存且信息描述周密、逻辑性强、条理清楚；缺点是耗费时间比口头沟通多，且无法保证所发出的信息是否被接收者收到，也无法保证接收者是否能正确地理解信息的内涵。

口头沟通是运用口头表达所进行的信息交流，如谈话、演讲等，是人们之间最普遍、最常见的一种沟通方式。这种沟通信息传递灵活、速度快，而且如果接收者对信息有所疑问，可以将其迅速反馈给信息发送者，发送者则可以根据反馈的信息及时检查其中不够明确的地方并进行改正；但是如果沟通的过程中有太多的参加者，则由于每个人都以自己的方式解释信息，当信息传达到接收者时，信息的内容失真的可能性就会很大，若有太多的人参加会议进行讨论，有时也难以形成统一的意见，造成时间和费用的浪费。

3. 语言沟通中的术语问题

在每一个行业和组织中，都存在一些用于相互沟通的特殊语言——术语。大量实践表明，在与具有同等知识背景的听众进行交流过程中，术语是一种有效的手段，并且对那些掌握它的人来说保证了一种接触状态；但是，它也可能成为一种基于不同专业背景间沟通的障碍。管理人员运用启发式决策、德尔菲法、角色认同等术语会降低同技术人员的沟通效力。对于不同的职能部门来说，术语可能成为一种沟通的障碍。

四、组织沟通基本知识

组织是由许多不同的部分、成员所构成的一个整体，这一整体有其特定的目的和任务。为了要达成组织的目标，各部门、成员之间必须有密切的配合与协调。只有各部门、各成员之间存在着良好的沟通意识、机制和行为，各部门、成员间才能彼此了解、互相协作，进而促进团体意识的形成，增强组织目标的导向性和凝聚力，使整个组织体系合作无间、同心同德，完成组织的使命及目标。

现代组织机构庞大，且业务繁杂。组织成员尤其是管理人员不可能只凭借自身力量和信息渠道获得决策所需信息。管理人员要想适应瞬息万变的市场环境和纷繁复杂的大千世界，就必须凭借沟通，间接从他人那里获得信息和经验。人本身是有限的，但沟通使得人能够无论在思想观念上还是在情感上都变得无限。

在一个正式组织中，成员间所进行的沟通可因其途径的异同分为正式沟通与非正式沟通两类。正式沟通指在组织中依据规章制度明文规定的原则进行的沟通，例如，组织间的公函来往，组织内部的文件传达、召开会议和上下级之间的定期情报交换等。按照信息流向的不同，正式沟通又可细分为下行沟通、上行沟通、平行沟通、斜向沟通、外向沟通等几种形式，如图 7—5 所示。

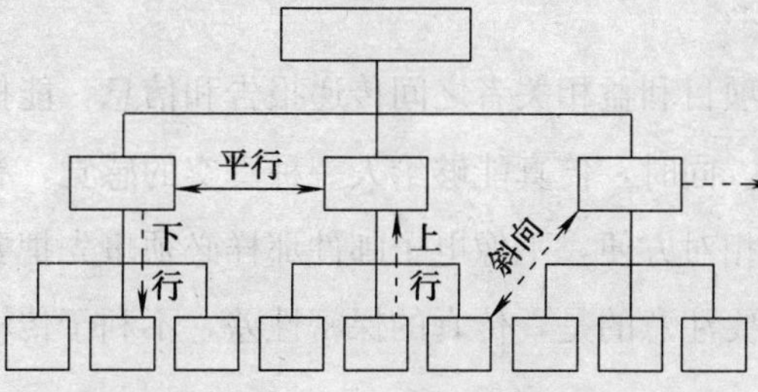

图 7—5 组织沟通类型

非正式沟通和正式沟通不同，它的沟通对象、时间及内容等各方面都是未经计划和难以辨别的。非正式沟通是由于组织成员的感情和动机上的需要形成的，其沟通途径是通过组织内各种社会关系，这种社会关系超越了部门、单位以及层次。

五、能够处理来电、来函

1. 函件处理

在项目团队中一般使用内部备忘录，对客户和非公司成员则使用项目报告或信件方式，但书面沟通仅在必要和不会增加文书工作的情况下使用。因为项目参与者通常很忙，不会有时间去看那些包含在琐碎的备忘录中的、在项目会议上能通过口头沟通获得的信息。

书面沟通是一种必要的正式沟通方式。书面沟通方式能够为项目提供连续的、可查阅的资料，但大量的文书工作会增大项目有关人员的工作量。

2. 来电处理

这种有声的沟通方式使得沟通双方可以通过语调、声音的抑扬顿挫以及声音的感情色彩而判断对方的心情状态，当交流者距离较远时，它节省了面对面交流所需要的时间和成本。人们利用电话可以很方便地联络感情，但是这种交流容易陷于客套话或陈词滥调中，而不能有效解决问题。

电话接待的基本要求如下：

（1）电话铃一响，拿起电话机首先自报家门，然后再询问对方来电的意图等。

（2）电话交流要认真理解对方意图，并对对方的谈话进行必要的重复和附和，以示对对方的积极反馈。

（3）应备有电话记录本，重要的电话应做记录。

（4）电话内容讲完，应等对方结束谈话再以“再见”为结束语。对方放下话筒之后，自己再轻轻放下，以示对对方的尊敬。

3. 传真

传真利于在远程的项目利益相关者之间传递报告和信息，能把重要的项目报告及时传递给需要的成员。同时，传真能够给人一种真实的感觉，有利于提高沟通的可信度。此外，发送也相对方便，不像电子邮件那样必须事先把要发送的信息变成电子文档才能发送。需要注意的是，传真的保密性差，不利于传输敏感及重要的信息。

对所处理的来电来函、去电去函都要留有记录，分类标明日期、时间存档。

六、能够完成日常接待工作

1. 接机接站

迎来送往是社会交往接待活动中最基本的形式和重要环节，是表达主人情谊、体现礼貌素养的重要方面。尤其是迎接，是给客人良好的第一印象的最重要工作。给对方留下好的第一印象，就为后续的深入接触打下了基础。迎接客人要有周密的部署，应注意以下事项：

(1) 对前来访问、洽谈业务、参加会议的外国、外地客人，应首先了解对方到达的车次、航班，安排与客人身份、职务相当的人员前去迎接。若因某种原因，相应身份的主人不能前往，前去迎接的主人应向客人作出礼貌的解释。

(2) 主人到车站、机场去迎接客人，应提前到达，恭候客人的到来，决不能迟到让客人久等。客人看到有人来迎接，内心必定感到非常高兴，若迎接来迟，必定会给客人心里留下阴影，事后无论怎样解释，都无法消除这种失职和不守信誉的印象。

(3) 接到客人后，应首先问候"一路辛苦了""欢迎您来到我们这个美丽的城市""欢迎您来到我们公司"等，然后向对方进行自我介绍，如果有名片，可送予对方，这里一定要注意送名片的礼仪。

(4) 迎接客人应提前为客人准备好交通工具，不要等到客人到了才匆匆忙忙准备交通工具，那样会因让客人久等而误事。

(5) 主人应提前为客人准备好住宿，帮客人办理好一切手续并将客人领进房间，同时向客人介绍住处的服务、设施，将活动的计划、日程安排交给客人，并把准备好的地图或旅游图、名胜古迹等介绍材料送给客人。

(6) 将客人送到住地后，主人不要立即离去，应陪客人稍作停留，热情交谈，谈话内容要让客人感到满意，比如客人参与活动的背景材料、当地风土人情、有特点的自然景观、特产、物价等。考虑到客人一路旅途劳累，主人不宜久留，让客人早些休息。分手时将下次联系的时间、地点、方式等告诉客人。

2. 在办公室接待客人

(1) 客人要找的负责人不在时，要明确告诉对方负责人到何处去以及何时回本单位。请客人留下电话、地址，明确是由客人再次来单位，还是由我方负责人到对方单位去。

(2) 客人到来时，我方负责人由于种种原因不能马上接见，要向客人说明等待理由与等待时间，若客人愿意等待，应该向客人提供饮料、杂志，如果可能应该时常为客人换饮料。我国习惯以茶水招待客人，在招待尊贵客人时，茶具要特别讲究，倒茶有规矩，递茶也要讲究。

(3) 接待人员带领客人到达目的地，应该有正确的引导方法和引导姿势

1）在走廊中的引导方法。接待人员在客人两三步之前，配合步调，让客人走在内侧。

2）在楼梯上的引导方法。当引导客人上楼时，应该让客人走在前面，接待人员走在后面，若是下楼时，应该由接待人员走在前面，客人在后面，上下楼梯时，接待人员应该注意客人的安全。

3）在电梯中的引导方法。引导客人乘坐电梯时，接待人员先进入电梯，等客人进入后关闭电梯门，到达时，接待人员按“开”钮，让客人先走出电梯。

4）客厅里的引导方法。当客人走入客厅，接待人员用手指示，请客人坐下，看到客人坐下后，才能行点头礼后离开。如客人错坐下座，应请客人改坐上座（一般靠近门的一方为下座）。

对于上级来访，接待要周到。对领导交代的工作要认真听、记；领导了解情况时，要如实回答；如领导是来慰问，要表示诚挚的谢意。领导告辞时，要起身相送，互道“再见”。

对于下级来访，接待要亲切热情。除遵照一般来客礼节接待外，对反映的问题要认真听取，一时解答不了的要客气地回复。来访结束后，要起身相送。

(4) 引见时的礼仪。到办公室来的客人与领导见面，通常由办公室的工作人员引见、介绍。在引导客人去领导办公室的路途中，工作人员要走在客人左前方数步远的位置，忌把背影留给客人。在陪同客人去见领导的这段时间内，不要只顾闷头走路，可以随机讲一些得体的话或介绍一下本单位的大概情况。

在进领导办公室之前，要先轻轻叩门，得到允许后方可进入，不可贸然闯入，叩门时应用手指关节轻叩，不要用力拍打。进入房间后，应先向房里的领导点头致意，再把客人介绍给领导，介绍时要注意措辞，应用手示意，但不要用手指指着对方。介绍的顺序一般是把身份低、年纪轻的介绍给身份高、年纪大的；把男同志介绍给女同志；如果有好几位客人同时来访，就要按照职务的高低，按顺序介绍。

介绍完毕走出房间时应自然、大方，保持较好的行姿，出门后应回身轻轻把门带上。

有关接待问题有学者作了以下高度概况总结：

拨打电话，考虑时机；面带微笑，声音愉悦；会见宾客，先约时间；自然握手，力度适中；相互介绍，广交朋友；交换名片，态度恭敬。

例如，做好日常接待工作所需要的肢体语言。一般来说，人们可以借由面部表情、手部动作等身体姿态来传达诸如攻击、恐惧、腼腆、傲慢、愉快、愤怒等情绪或意图。举例而言，在你一日最忙碌的时刻，有位职员来造访，讨论一个问题。你和他把问题解决之后，这位职员却站着不走，并把话题转向社会时事。在你的内心里很希望立即终止这个讨论而去继续工作，可是在表面上你却很礼貌、专注地听着，然后，你把椅子往前挪了一下，并坐直了身子且整理你桌上的公文。不管这举动是潜意识的抑或故意的，它们都刻画出你的感觉并暗示这位职员“该是离开的时候了”，除非这位职员没有感觉或太专注于自己的话题，否则他应该会意地离开。

虽然任何身体上的行动都会把一些信息传达给接收人，但是，我们应根据以往的经验分析判断，而不是仅就眼前的情况来对人下定论，以免造成错误。

第 3 节　项目信息系统及计算机网络基础知识

学习单元 1　项目信息管理的基本知识

学习目标

➢ 能够理解信息管理的基本知识
➢ 能够理解现代通信系统与信息网的基本概念
➢ 能够掌握常用现代通信网的基本原理
➢ 能够认识到通信安全的重要性

一、信息管理的基本知识

信息管理既是管理科学的一个重要领域，又是信息科学的一门重要分支学科。信息管理是信息科学与管理科学相互交叉作用的产物。

信息是一种普遍存在的社会现象。自从有了人类，就有社会信息，有了信息在社会生活中的交流活动，人类也就开始了信息管理实践活动并逐步进行信息管理理论与方法的研究。

信息管理是指对人类信息活动所产生的社会信息进行管理。信息管理是管理的一种，既要对信息进行管理，也要对信息活动进行管理。信息和信息活动都是信息管理的客体。

简言之，信息管理就是对信息、信息资源和信息活动的管理。

二、技术与现代通信的基本概念

1. 通信的概念

人类社会建立在信息交流的基础上，通信是推动人类社会文明、进步与发展的巨大动力。从远古时代到现代文明社会，人类社会的各种活动与通信密切相关，特别是当今世界已进入信息时代，通信已渗透到社会各个领域，通信产品随处可见。通信已成为现代文明的标志之一，对人们日常生活和社会活动及发展起着日益重要的作用。

一般地说，通信是指由一地向另一地进行消息的有效传递。满足此定义的例子很多，如打电话，它是利用电话（系统）来传递消息；两个人之间的对话，是利用声音来传递消息；古代的“消息树”“烽火台”和现代仍使用的“信号灯”等则是利用光的方式传递消息。

2. 通信的目的

通信的目的是传递消息，消息具有不同的形式，例如，语言、文字、数据、图像、符号等。随着社会的发展，消息的种类越来越多，人们对传递消息的要求和手段也越来越高。通信中消息的传送是通过信号来进行的，如红绿灯信号、狼烟、电压、电流信号等。信号是消息的载荷者。

通信从本质上讲就是实现信息传递功能的一门科学技术，它要将有用的信息无失真、高效率地传输，同时还要在传输过程中将无用信息和有害信息筛除。当今的通信不仅要有效地传递信息，而且还要有储存、处理、采集及显示等功能，通信已成为信息科学技术的一个重要组成部分。

3. 通信系统的分类

通信系统分为模拟系统和数字系统两大类，其中现代通信以数字系统占绝对优势地位。

三、现代通信网络基础

近年来，计算机技术和通信技术迅猛发展、相互渗透而又密切结合，形成了以数字通信为主导的通信理论基础。一方面，计算机技术应用到通信领域，改造更新了通信设备，大大地提高了通信系统的性能，促进了通信由模拟向数字化并最终向综合服务的方向发展。另一方面，通信技术又为多个计算机之间信息的快速传输、资源共享和协调合作提供了必要的手段，促进了计算机网络的发展。

1. 远程通信模型

远程通信是指信息以一定的形式，如语言、数据、文本和影像，使用电或光等介质传递，从一个地方发送到另一个地方。数据通信是一个更专门的项目，它的数据传送与接收遍及一个或多个计算机与多种输入/输出终端之间的通信连接。由于数据通信反映了远程通信以及以计算机为基础的信息处理技术的整体，并主要是依赖计算机与计算机化的设备。

数据通信系统是通过数据电路将分布在远地的数据终端设备与计算机系统连接起来，实现数据传输、交换、存储和处理的系统。比较典型的数据通信系统主要由数据终端设备、数据电路、计算机系统 3 部分组成，如图 7—6 所示。

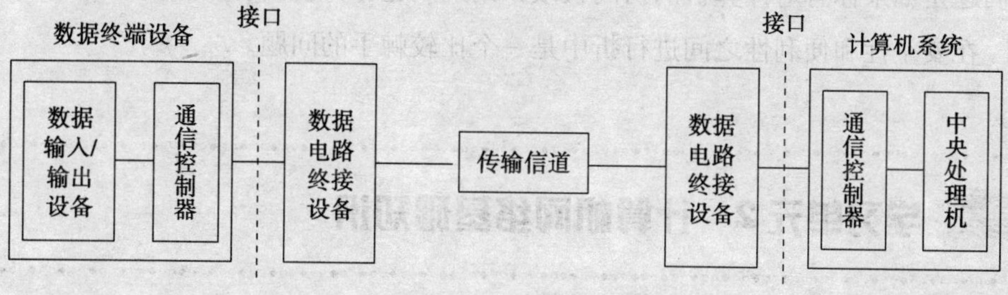

图 7—6　数据通信系统组成

2. 数据终端设备（DTE）

在数据通信系统中，用于发送和接收数据的设备称为数据终端设备（简称 DTE）。DTE 可能是大、中、小型计算机、PC 机，也可能是一台只接收数据的打印机，因此，DTE 属于用户范畴，其种类繁多，功能差别较大。从计算机和计算机通信系统的观点来看，终端是输入/输出的工具；从数据通信网络的观点来看，计算机和终端都称为网络的数据终端设备，简称终端。

四、通信安全知识

维护网络系统的安全是系统管理员必须完成的基本任务。局域网中的数据可以分布在网络中不同的服务器上，合法使用数据的用户必须能灵活地访问这些数据。另一方面，合法用户不受约束的灵活访问也是安全性的障碍。如何既能使数据可方便地访问，同时又防止破坏网络安全的可能性。这意味着可靠的数据备份是绝对必要的。计算机安全有两个方面：第一，赋予用户在任何级别上访问网络的许可。第二，在允许用户访问后，对不同的数据赋予不同访问方式的许可权。

安全性问题是通信系统必须考虑的重要问题之一，缺乏安全性的网络是不可用的。当然也不存在绝对安全的网络，网络安全需要在安全性和便利性之间进行折中。

传统的通信系统和现代的计算机通信系统都存在着安全性问题，这里以计算机网络为主进行介绍。

安全性：最安全的计算机是关闭的计算机。如果需要打开它，可以达到的最大安全性就是去掉网络连接、键盘、鼠标、显示器、软驱和打印机，但这样做并不现实。

便利性：使用计算机最方便的办法就是在世界上的任何地方都可以访问它，允许没有任何障碍地读写信息，使用所有可能的网络协议，没有任何口令。这样产生的问题是如果你有对计算机的访问权限，则别人也有，就没有安全性可言了。

在安全性和便利性之间进行折中是一个比较棘手的问题。

学习单元 2 计算机网络基础知识

学习目标

- 熟悉计算机网络
- 了解网络组建和网络管理的基本知识
- 能够对计算机系统及网络进行简单的维护

一、现代计算机网络

计算机网络是现代计算机技术与通信技术密切结合的产物，是随着社会对信息共享和信息传递的要求而发展起来的。所谓计算机通信网络就是利用通信设备和线路将地理位置不同、功能独立的多个计算机系统互联起来，以功能完善的网络软件（即网络通信协议、信息交换方式及网络操作系统等）实现网络中资源共享和信息传递的系统。

1. 第一代计算机通信网络

第一代计算机通信网络实际上是以单个计算机为中心的远程联机系统，亦称为面向终端的计算机网络。另外，若每台远程终端都用一条专用通信线路与主干计算机连接，则线路的利用率低，且随着终端个数的不断增大，通信费用将达到难以负担的程度。因此，需在终端比较集中的地点设置一个终端控制器 TC（technical controller）。这个 TC 通过低速线路将附近各终端连接起来，再通过高速通信线路与远程主干计算机的前端处理机相连，它可以利用一些终端的空闲时间来传送其他处于工作状态终端的数据，提高了远程线路的利用率，降低了通信费用。典型的结构如图 7—7 所示。图中的 M 代表调制解调器（modem），是应用模拟通信线路远程传输数字信号所必须附加的设备。前端处理机和终端控制器也可以采用比较便宜的小型计算机或微型机来实现。

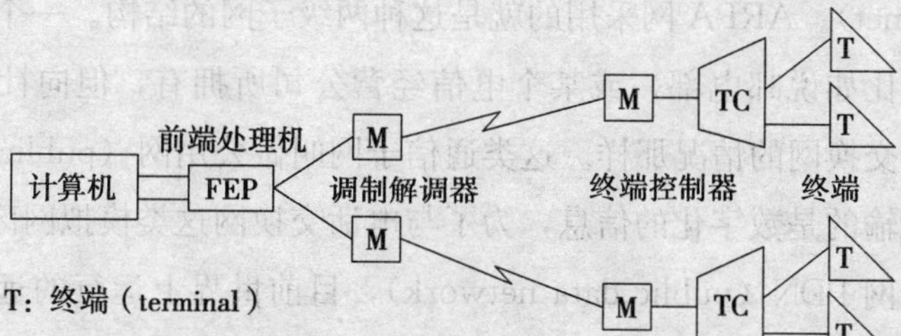

图 7—7　以单计算机为中心的远程联机系统

2. 第二代计算机通信网络

第二代计算机通信网络是多台主计算机通过通信线路互联起来，为用户提供服务。这样的多台主计算机互联的网络才是我们目前常称的计算机网络。第二代计算机通信网络的典型代表是 ARPA 网（arpanet）。20 世纪 60 年代后期美国国防部高级研究计划局 DARPA（defense advanced research projects agency）提供经费给美国许多大学和公司，以促进多台主计算机互联网络的研究。目前 ARPA 网仍在运行之中，地理范围跨越了半个地球。ARPA 网中提出的一些概念和术语至今仍被引用。ARPA 网中互联的、运行用户应用程序的计算机称为主机（host），但主机之间通信是通过称为接口报文处理机 IMP（interface message processor）的装置转接后互连的，如图 7—8 所示。当某台主机上的用户要访问远地另一台主机时，主机首先将信息送至本地直接与其相连的 IMP，通过通信线路沿着适当的路径经若干 IMP 中途转接后，最终传送至远地的目标 IMP，并送入与其直接相连的目标主机。这种方式类似于邮政信件的传送方式，叫做储存转发（store and forward）。

图 7—8 中 IMP 和它们之间互联的通信线路一起负责完成主机之间的通信任

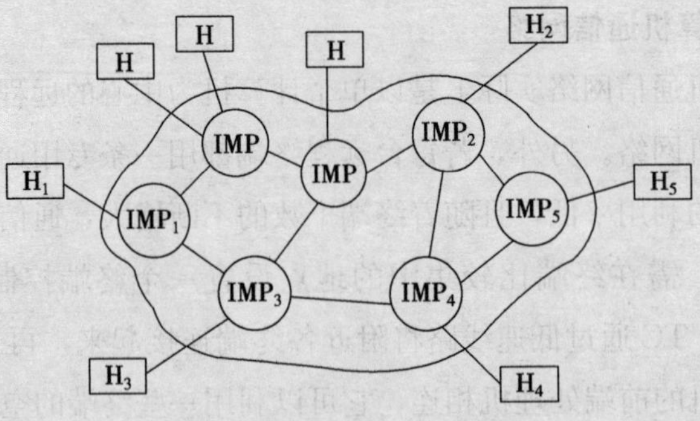

H：主机（host） IMP：接口报文处理机IMP（interface message processor）

图 7—8 储存转发的计算机网络

务，构成了通信子网（communication subnet）。通过通信子网互联的主机负责运行用户应用程序，向网络用户提供可供共享的软硬件资源，它们组成资源子网（resource subnet）。ARPA 网采用的就是这种两级子网的结构。一个通信子网可以由政府部门（比如说邮电部）或某个电信经营公司所拥有，但向社会公众开放服务，如同电话交换网的情况那样。这类通信子网叫做公用网（public network）。公用是指网中传输的是数字化的信息，为了与电话交换网这类模拟网区分，有时也被称做公用数据网 PDN（public data network），目前世界上运行的远程通信子网几乎都采用了储存转发的方式。ARPA 网中存储转发的信息基本单位叫做分组（packet）。以储存转发方式传输分组信息的通信子网则又被称为分组交换网。两台计算机间通信时，对传送信息内容的理解、信息表示形式以及各种情况下的应答信号都必须遵循一个共同的约定，称为协议（protocol）。在 ARPA 网中将协议按功能分成了若干层次。如何分层，以及分层中具体采用的协议的总和，称为网络的体系结构（architecture）。体系结构是个抽象的概念，其具体实现是通过特定的硬件和软件来完成的。第二代计算机网络以通信子网为中心，用户共享的资源子网则在通信子网的外围。当前世界上已有大量的第三代计算机网络正在运行和提供服务，但是要把不同的第三代计算机网络互联起来十分困难。因此，计算机网络必然要向更新的一代发展。

3. 第三代计算机通信网络

第三代计算机通信网络是国际标准化的网络，它具有统一的网络体系结构，遵循国际标准化的协议。标准化使得不同类型的计算机能方便地互联在一起；20 世纪 70 年代后期人们认识到第二代计算机网络的不足后，已开始提出发展新一代计算机网络的问题。国际标准化组织 ISO（International Organization for Standardization）下属前计算机与信息处理标准化技术委员会（Technical Committee）经过若干年卓有成效的工作，由ISO制定并在1984年正式颁布了一个称为“开放系统互联基本参考模型”（open system interconnection basic reference model）的国际标准ISO 7498。这里“开放系统”是相对于第二代计算机网络中只能进行同种计算机互联的每个厂商各自封闭的系统而言的，它可以和任何其他系统（当然要遵循同样的国际标准）通信而相互开放。

（1）现代计算机网络的体系结构如下：

1）若干个主机，它们向用户提供服务。

2）一个通信子网，由一些专用的节点交换机和连接这些节点的通信链路组成。

3）一系列的协议，这些协议是为了主机之间或主机和子网之间的通信而用。目前国际上通用的网络通信协议是国际标准化组织制定的7层OSI模型。这7层分别是：

①物理层：是OSI模型的最低层，该层包括物理联网媒介，如电缆连线连接器。

②数据链路层：是OSI模型的第二层，它控制网络层与物理层之间的通信。

③网络层：是将网络地址翻译成对应的物理地址并决定如何将数据从发送方路由到接收方。

④传输层：是负责确保数据可靠、顺序、无错地从A点传输到B点。

⑤会话层：是负责在网络中的两节点之间建立和维持通信。

⑥表示层：是应用程序和网络之间的翻译官，数据将按照网络能理解的方案进行格式化。

⑦应用层：是负责对软件提供接口以使程序能使用网络服务。

（2）计算机网络正朝着分布式系统（distributed system）的方向发展

在分布式系统中，用户就像是面临着一台功能很强的虚拟计算机，网络范围的操作系统将会代替使用者选择最合适的计算机，找到所要的文件，并把它送到需要的地方，这一切都是用户感觉不到而自动进行的。从这个意义上，分布式系统的管理软件应具有高度的整体性和透明性，这是不容易达到的。它和普通计算机网络之间的主要区别不在于硬件，而在于高层软件，特别是操作系统。

1）局域网。局域网LAN在国际上是20世纪80年代发展起来的，直至20世纪90年代，新型的LAN结构——客户机/服务器结构才出现。因此，将客户机/服务器结构网出现之前的LAN称为传统PC—LAN。

2）广域网。最为成功的全球性信息网络要算是世界上最大的计算机网Internet/Intranet，也称为国际互联/企业内联网。它把各个国家网、区域网连成一个覆盖全球的网络系统，运行公共的通信协议 TCP/IP，在网上提供了丰富的共享资源和广泛的应用服务。

世界上大多数数据网络都是独立的网络，是为满足某一团体的特殊需要而建立起来的，而 Internet 意为网络互联。按照它的一整套标准，任何其他网络经过翻译都可以接入。翻译过程是在其系统内部的网络交换机——网关中完成的，因此，网关（gateway）和其他网络的交换机有很大不同，如在 X.25 网络中，交换机只起一个简单的桥接作用。Internet 中包括许多协议，TCP/IP 协议是符合工业标准的。

二、组网技术

1. 组网的硬件系统

（1）调制解调器（modem）

如果运用现有的电话线系统来传送计算机发出的数据，可以节省大笔远程网络的线路费用。然而现有的电话传输线路是为传送语音而铺设的，这种语音信号是一种模拟信号（analog signals），而计算机发送或接收的信号却是一种脉冲数字信号（digital signals）。为了解决这一矛盾，计算机信号应转换为模拟信号，实现信号转换的设备称为调制解调器（modem）。如图 7—9 所示。

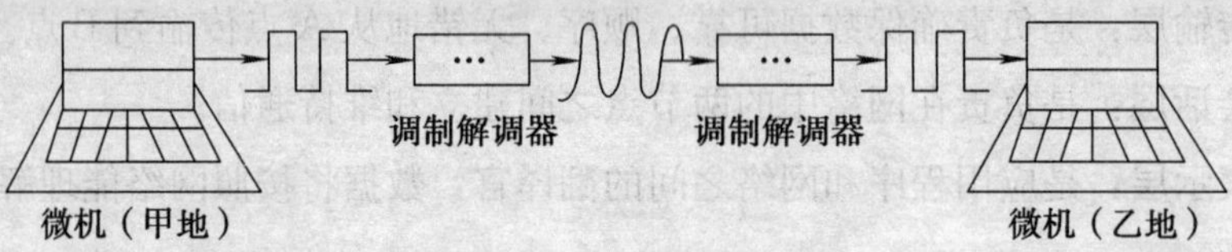

图 7—9　调制解调线路

将脉冲数字信号转换成模拟信号的过程称为调制（modulation），将模拟信号转换成脉冲数字信号的过程称为解调（demodulation）。调制解调器用于计算机之间的异步传输，传输速度以 bps 衡量，即每秒钟传出的位数（bits per second），如微机使用的调制解调器，标准速度为 1 200 bps、2 400 bps 和 9 600 bps。

（2）多路复用器

由于传输介质的能力往往超出传输单一信号的能力，为了有效地利用传输系统，采用多路复用技术能把多个信号组合起来在一条物理电缆上进行传输。实现这种功能的设备就是多路复用器。在通信通道的信号发送端，用多路复用器合并几个终端的传送；在信号的接收端，用一台相同的设备进行分解。

2. 组网的软件系统

软件是所有通信网络的一个重要部分。储存在主计算机上的通信控制软件包，如同储存在前端处理机和其他通信处理机上的软件包一样。这种软件控制和支持占据通信网络的通信。例如，用于主框架广域网上的通信软件包通常称为通信管理器或远程处理（TP）管理器。如用于 IBM 主干机上的 CICS（customer identification control system）是最典型的。局域网依靠的通信管理软件称为网络操作系统。例如，Novell Netware、Microsoft LAN Manager。许多通信软件包对微机都是可用的。

3. 组网的管理

几乎每个使用计算机的人都必须花费一些时间做设备的管理工作。例如，传统 PC 机用户必须正确地备份数据。此外，在安装软件、设置应用程序、优化系统内存或提高系统性能时，用户必须管理其 PC 机。计算机网络管理比单台 PC 机的管理要复杂得多。网络管理员必须掌握深入的网络知识，并且还必须具有良好的人际关系，只有这样才能做好网络管理工作。

三、现代通信技术的概况

通信系统是用以完成信息传输过程的技术系统的总称。现代通信系统主要借助电磁波在自由空间的传播或导引媒体中的传输机理来实现，前者称为无线通信系统，后者称为有线通信系统。当电磁波的波长达到光波范围时，这样的通信系统则称为光通信系统，其他电磁波范围的通信系统则称为电磁通信系统，简称为电信系统。由于光的导引媒体采用特制的玻璃纤维，因此，有线光通信系统又称光纤通信系统。一般电磁波的导引媒体是导线，按其具体结构可分为电缆通信系统和明线通信系统；无线电信系统按其电磁波的波长则有微波通信系统与短波通信系统之分。另外，按照通信业务的不同，通信系统又可分为电话通信系统、数据通信系统、传真通信系统和图像通信系统等。由于人们对通信的容量要求越来越高，对通信的业务要求越来越多样化，所以通信系统正迅速向着宽带化方向发展，而光纤通信系统将在通信网中发挥越来越重要的作用。

项目沟通的现代工具是指以计算机通信网络为代表的各种信息产生、信息传输、信息接收及处理的设备、器材等。如上文所述，按照电磁波在自由空间的传播或在导引媒体中的传输机理，有有线通信和无线通信之分。其中有线通信系统又可细分为光纤通信、专用线缆通信系统、电话线通信系统等；无线通信系统又可细分为卫星通信、微波通信、长距离短波通信、短距离无线通信、红外线通信等。如果按信号的类型划分，则有模拟信号通信系统和数字信号通信系统，目前以数字通信系统占绝对优势。

常用的有线通信设备有电话、电报、传真机，各种有线电视、有线视频设备、有线网络交换机、计算机网络等。常用的无线通信设备有移动电话（手机）、车载无线电台、各种无线对讲机、蓝牙短距离通信装置、红外线短距离通信设备以及无线网络计算机系统等。

四、不同通信系统的主要功能和特点

在通信技术如此发达的今天，沟通方式和沟通工具更是多种多样。现代社会最常用的沟通工具有：

1. 有线通信网络

有线通信网络有电话和传真两种。

2. 无线通信网络

无线通信网络技术范围广泛，包括从允许用户建立远距离无线连接的全球语音和数据网络，到近距离无线连接的红外线和无线电频率技术。通常用于无线网络的设备包括便携式计算机、掌上电脑、个人数字助理（personal digital assistants，PDAs）、移动电话和寻呼机等。

3. 有线通信和无线通信系统的比较

以无线通信中的卫星通信系统为例与有线通信系统作一个比较。

卫星通信的主要优点是通信范围大，每个卫星覆盖地球的 127°，3 颗卫星就能实现全球通信。卫星通信不受地形的影响，建设卫星地面接收站快，可用于不同方向和不同地区的通信。

卫星通信也有一些缺点。同步卫星离地球超过 36 000 km，信号往返超过 70 000 km，信号有延迟，10 GHz 以上受雨雪天的影响，卫星通信还受太阳活动影响。还有卫星蚀，在卫星蚀期间，太阳电池不能产生电，如果蓄电池容量不够，还会使通信中断。

有线传输的稳定性和速度是卫星传播望尘莫及的，唯一的缺点就是构建传输线路成本高，周期长。现在的高速网络靠的是光纤，不是卫星。普通的无线通信也不如有线，比如 CDMA 网络和 GPRS 网络，速度无法跟有线网络比，就是刚推出的 3G 也是如此。

所以，有线通信更稳定、更好、更快。

五、使用计算机网络系统进行沟通

首先，应该掌握计算机基础知识，特别是计算机网络的基本知识；其次，要多实践。学习计算机网络知识，只看书，不实践，等于没学。所以一定要创造一切可能的机会，利用家庭的、专业培训机构的、单位的计算机网络进行软、硬件方面的实际操作。只有这样，才能较快地掌握计算机网络的组网、调试及运行管理。除此之外，在应用计算机网络时应该特别注意网络的安全性，必须安装和经常升级防火墙、杀毒软件等安全系统。网络攻击会干扰网络正常运行，导致服务器宕机，使网络瘫痪，甚至能够修改或控制网络资源、篡改或破坏关键业务数据，给企业造成不可估量的损失。而采用防火墙技术可以有效地解决这些问题。

简言之，防火墙是设置在不同网络之间的一系列部件的组合，它在网络之间执行访问控制策略，起着分离、限制和分析的作用。通常，防火墙是一组硬件，包括路由器、主计算机或者路由器、计算机和配有适当软件网络的多种组合。防火墙有各种各样的方法配置这些设备，具体配置将依赖站点的特殊安全策略、预算及全面规划等。网络防火墙用以控制内部网络与外部网络间的通信。防火墙所处的位置可以看到每一个通过的数据单元，且能够识别数据是来自内部、可信任的网络还是外部、不可信任的网络。

六、简单系统的调试和维护

系统维护对项目管理信息系统有着重要的作用。因为项目管理信息系统可能因各种原因而出现故障，也可能因环境和业务的变化而变得不能满足用户的要求，所以必须对系统进行周期性的维护。

系统调试是系统开发工作的最后一个阶段，而系统维护则是系统运行过程中的必不可少的环节。一般来说，维护工作也需要一定的调试手段，因此，从技术角度讲维护必然与调试联系在一起，许多信息系统实施阶段的技术人员也会过渡到运行阶段成为维护人员。基于此，我们把调试和维护合起来描述。要做好系统的调试、维护，需要以下支持：

1. 人员的岗位培训

为用户培训系统操作、维护、运行管理人员是信息系统维护过程中不可缺少的功能；一般来说人员培训工作应提前进行。

2. 试运行

试运行是系统调试工作的延续。它容易被人忽视，但对最终使用的安全可靠性来说，它又十分重要。

3. 系统运行管理制度的建立和执行

运行管理制度主要包括如下几个方面：

（1）系统运行管理的组织机构

系统运行管理的组织机构包括各类人员的构成、各自的职责、主要任务以及其内部组织结构。

（2）基础数据的管理

基础数据管理包括对数据收集和统计渠道的管理、计量手段和计量方法的管理、原始数据的管理、系统内部各种运行文件、历史文件（包括数据库文件等）的归档管理等。

（3）运行管理制度

运行管理制度包括系统操作规程、系统安全保密制度、系统修改规程、系统定期维护制度以及系统运行状况记录和日志归档等。

（4）系统运行结果分析

系统运行结果分析就是要得出某种能反映组织经营生产方面发展趋势的信息，以提高管理部门指导企业经营生产的能力。如系统已设计了市场预测功能，运行此功能即可得到未来市场变化的趋势，那么这个结果是否对实际经营管理具有指导意义呢？我们还必须核查其拟合系数值的情况，如果很大，则可以用；如果不大，则还必须查原始数据有无不能反映市场变化规律的值或是有无输入错误等。如果综合分析了上述情况，写出分析报告，才可充分发挥人机结合辅助管理的优势。

仅有好的管理制度是远远不够的，要维护好项目管理信息系统，使之保持良好的运行状态，就必须严格执行规章制度。没有执行力就等于没有制度。

4. 项目管理信息系统的二次开发

项目管理信息系统的二次开发从广义上讲也属于系统的维护，它是从后续的实际需要出发，为适应业务发展与管理模式的变化和发展，对初次开发出的项目管理信息系统进行功能提升或改善。

七、能够使用常见的项目管理软件

1. 概述

在从事项目管理工作时，我们常常感到缺少得力的助手，并且需要对计划进行反复讨论，由此导致一系列的文件修改和图形的重新绘制。以往，我们常常采用EXCEL电子表格软件来辅助这样的工作，比如画横道图。然而，EXCEL不是为项目管理设计的软件。其实有许多通用的或专用的项目管理计算机辅助软件，它可以大大降低我们的管理实时性的难度和复杂度。

一般项目管理软件具有预算及成本控制、利用时间表计算项目进度计划、利用电子邮件发送项目信息等功能；它还能绘制图形、转入/转出资料、处理多个项目和子项目、制作报表、创建工作分析结构、进行计划工作以及进行假设分析。项目管理软件可以帮助项目管理人员完成许多工作，是项目管理人员的有力助手。

可以说，如果把常用的办公软件和某些通用的项目管理软件结合起来使用，我们就足以应对中小规模的项目日常管理工作。如果能够在局域网乃至广域网的基础之上，建立完整的项目管理信息系统，那么我们就可以基本实现项目管理的信息化和在线实时性的要求，提高项目管理的成熟度。

目前，全球市场上大约有400多种项目管理软件工具。这些软件各具特色，各有所长。根据项目管理软件的功能和价格水平，大致可以划分为两个档次：

一种是供专业项目管理人士使用的高档项目管理软件，这类软件功能强大，价格一般较高。

另一类是普及型项目管理软件，应用于一些中小型项目，这类软件虽功能相对于某个特定的行业或单位不是很齐全，但价格较便宜，适合大范围推广。

当然，项目管理软件的分类方法还有其他形式，如按使用行业划分为建设类、软件工程类、投融资类等，而不是简单地按照价格高低划分。

关于项目管理软件的一般使用，如果是单机版的软件，则不需要构建内部局域网。个人的项目管理数据（如进度管理方面的横道图）建立好之后，可以通过广域网进行沟通。如果是企业级的网络版项目管理软件，则必须在建立企业内部局域网的基础上，运行成套的软件系统才能达到协同使用的目的，进而管理好项目。

例如，使用 MS Project 进行项目管理的一般步骤：

1. 提出设想，制订计划，在稿纸上开列提纲

2. 在 Project2003 中设置项目：新建项目信息

3. 输入任务清单，同时区别大纲任务和子任务。

确定工作日历→输入任务→设定任务类型→WBS→网络图（可用于核对和修改）

4. 分配资源

5. 输入成本

6. 检查日程安排

7. 调整日程安排

8. 保存计划

9. 跟踪和管理项目进度

(1) 跟踪日程

（2）跟踪工时

（3）跟踪成本

10. 各种报表输出

从这些步骤中我们可以看到：项目管理软件介入项目是从计划阶段的后期开始的，而对于诸如提出设想、制订计划。在稿纸上开列提纲等等具有创造性的活动，软件是无能为力的。另外，即使是在项目的实施阶段，也有一些工作不是仅凭软件就可以做好的，如质量管理。

2. 项目管理软件与管理信息系统的关系

项目管理软件是整个企业信息系统软件的子系统。它应该与整个企业信息系统建立资源共享，并且能够利用企业信息系统的数据发掘功能，动态地获取新的信息同时也将必要的信息发布到系统上。当然，项目管理软件子系统的使用应该有严格的授权。

通过使用项目管理软件我们还可以突破许多人的来源是管理领域的瓶颈——数学工具的困惑。

在从事项目管理工作时，尤其是涉及一些比较高深的数学知识时，数学问题对于许多人都是一道难以逾越的障碍，比如在定量风险分析中用到的概率统计学知识。然而有了项目管理辅助软件，就可以不用去过多地探讨那些复杂的数学问题。因为这些数学运算都可以由计算机在后台自动运行，您只需按照软件的要求提供给它足够的数据并进行相应的操作即可。这样对于一个项目管理者来说就避开了令人头痛的数学问题，借助软件来进行一些较为复杂的管理工作。

一名项目管理员，若要具备上述能力要求，就应该勤学苦练，积极地争取一切练习机会，学习有关技能。在此基础上，可以使用电子邮件、即时通软件、网络视频通讯软件等进行不同需求的沟通。

第8章

项目采购管理

第1节 项目采购计划

学习单元1 收集采购计划编制的资料

学习目标

➤ 了解需求识别的基本知识

➤ 了解市场调查的基本知识

一、采购管理意义与一般过程

1. 项目采购与采购管理的含义

采购是项目执行中的一个关键步骤，一般项目的采购支出要占项目总投资的50%～60%，通常涉及的金额较大，且不具有重复性。采购时间需要与整个项目的实施进度相适应，而且常常考虑的是项目整个生命期的费用，而不是仅仅考虑最初的采购价格。

项目采购是指从项目组织外部获得货物和服务（合称产品）的过程。它包含的买卖双方各有自己的目的，并在既定的市场中相互作用。卖方在这里称为承包商或者供应商，一般都把他们所承担的提供货物或服务的工作当成一个项目来管理。因而具有以下特点：

（1）买方成为顾客，成为一个主要的利益相关者。

（2）卖方的项目管理组织必须关心项目管理的所有过程，而不仅仅是项目采购过程。

（3）采购合同或者分包合同的条款与条件成为构成许多管理过程的关键依据。

鉴于采购在项目执行中的重要地位，项目采购管理就成为项目管理的一项重要内容。采购管理一般包括以下 8 个过程：项目采购准备工作、制订项目采购计划、制订项目采购工作计划、选择项目采购方式、询价、选择供应商、合同管理、采购收尾工作。

本节在讨论项目采购管理时，假定卖者来自项目实施组织的外部，但对于同项目实施组织内部其他单位签订的正式协议或某些非正式协议，同样可以参照本节相关内容。当涉及非正式协议时，可以使用项目的资源管理和沟通管理的方式解决。

2. 采购管理的原则

项目采购的作用是从项目组织外部获得项目所需的产品。为了保证项目既定目标的实现，合理使用项目资金和提高资金的使用效率，在采购管理过程中应遵循以下 4 个原则：

（1）凡是为项目所采购的产品，应注意节约和效率，充分体现成本效益原则。

（2）采购的产品质量良好，适合项目的要求。

（3）所采购的产品应及时到达，服务应及时提供，采购时间与整个项目实施进度相适应。

（4）公平竞争，即应给符合条件的承包商提供均等的机会。这不仅符合市场经济运行原则，而且也会进一步提高项目实施的质量。公平竞争又会促使报价降低，对项目的费用控制有利。

3. 采购管理的意义

采购在项目实施中占有特别重要的地位，这一点不言自明。从某种意义上讲，采购管理工作是项目的物质基础，是项目成功的关键。这不仅仅是因为在一个项目中所包括的产品采购费用占整个项目费用的绝大部分，更重要的是项目的设计和规划也必须体现在采购之中。如果采购到的产品不符合项目设计和规划的要求，必然会降低项目的质量，严重的甚至会导致项目失败。概括来说，项目采购管理对项目的重要意义有以下 4 个方面：

（1）保证采购的经济性

采购是否经济而有效，直接影响到能否降低项目成本，也关系到项目未来的经济收益水平。

（2）保证采购产品或服务及时到位

采购时间要与整个项目的进度安排相匹配，既要保证所需产品按时到位，又要减少库存，降低库存成本。

（3）保证采购产品质量符合项目要求

采购时，在保证经济性基础上，尽可能选择物美价廉，又符合要求的产品。

（4）保证采购规范化

采购要有一套严密、规范、公开、透明的程序和制度，以杜绝贪污、腐败和不公平竞争。

二、采购需求识别

1. 项目采购的准备工作

项目采购是一项很复杂的工作。它不但要遵循一定的采购程序，更重要的是项目组织及其采购代理人在实施采购前必须要做好许多准备工作。需要清楚地知道所需采购的货物或服务的各种类目、性能、规格、质量要求、数量等，了解并熟悉国际、国内市场的价格和供求情况、所需货物或服务的供求来源、外汇市场情况、国际贸易支付办法、保险、损失赔偿惯例等有关国内、国际贸易知识和商务方面的情况和知识。这些准备工作非常重要，稍有不慎，就可能导致采购工作的拖延、采购预算超支，不能采购到满意的或适用的产品，因而造成项目损失，影响项目顺利完成。

2. 项目设计

做好项目设计是制订采购计划的先决条件。根据项目设计的要求，确定所需采购的货物或服务的品种类型、性能、规格、质量要求和数量。采购工作要务求以最低成本取得最佳效益。对于技术、设备的选择要以能够符合项目设计要求为标准，不要盲目攀比。采用最先进的技术、设备固然好，但是先进的技术、设备往往价格昂贵，而且如果其他设备、原料和技术不能与之配套，也很难充分发挥作用。技术参数要求过高，使一般投标人望而生畏，有条件参加投标的承包商不多，结果就会削弱投标的竞争性，就有可能抬高价格。反之，要求水平过低，参加投标的承包商多，竞争性也会增大，也可能会采购不到理想的货物或服务。所以，技术水平要求一定要恰到好处。这样做，不但可以提高竞争性，对提高项目的质量和降低成本都能起到积极作用。项目的技术水平应选定在什么等级上，应根据具体项目的目标而定，在项目计划和规划时就应慎重选定，务求以最低成本取得最佳效益。

3. 项目采购需求识别与阐明

项目采购需求识别的主要任务是明确采购对象的基本要求，提出实现这些要求的基本条件以及需要达到的标准。项目采购需求识别的主要要求有：

（1）明确项目所需要采购产品的规模、品种、规格、性能、质量、数量以及期望提供产品或服务的时间等问题，其主要依据是项目范围说明与产品说明。

（2）采购需求识别始于项目采购需求、问题或机会的产生，结束于采购需求文件的发布，是制订项目采购计划前期首要的工作。

（3）识别采购需求是为了使自己所期望的目标能以更好的方式来实现。只有需求明晰，供应商才能准确地把握客户的意图，才能提供合适的产品。

（4）需求识别是一个过程，需要通过不断收集信息和资料进行调查和研究，才能使其需求明晰化。

完成采购需求识别后需要明确阐明需求，一般以采购需求文件形式表达。项目是为了满足人们的需要而产生的，明确的需求是项目的基础，否则就难以通过行动来满足它。为了阐明需求，需要对需求作详尽地研究，以深化对需求的认识。同时，阐明需求还要对需求进行全面、明确地描述，以达到项目的功能要求。

三、市场调查的基本知识

采购市场调查是明确采购需求后针对采购对象的市场供应情况开展的调查工作，是为更好地制订采购计划而进行的系统的数据收集、分类和分析。要求根据项目所需要产品的需求，全面分析资源市场的情况，包括资源分布情况、供应商情况、品种质量、价格情况、交通运输情况等。

1. 采购市场信息

熟悉所需采购产品的市场（包括国际和国内两个市场）价格和供求情况，及时掌握所需采购产品的相关市场信息，从而建立良好的市场信息跟踪机制，这是市场调查的首要工作。如果缺乏可靠的市场信息，采购中往往会导致错误的判断，以至采取不恰当的采购方法，或在编制预算时作出错误的估算。良好的市场信息机制应该包括以下 3 个方面：

（1）建立重要的货物来源记录，以便根据需要随时提出不同的供应商所能供应的货物的规格性能及其可靠性的相关信息。

（2）建立同一类目货物的价格目录，以便采购者能利用竞争性价格取得优惠，如商业折扣。

(3) 对市场情况进行分析研究，作出预测，使采购者在制订采购计划、决定如何分别包装及采取何种采购方式时，能有比较可靠的依据作为参考。

当然，项目组织不大可能全面掌握所需货物及服务在国际及国内市场上的供求情况和各承包商或供应商的产品性能、规格及其价格等信息。这一任务要求项目组织、业主、采购代理机构通力合作，必要时还需要聘用咨询专家来帮助制订采购计划，提供有关信息，甚至参与采购的全过程。

2. 市场调查方案与主要任务

实施市场调查之前要制定市场调查的总体方案，对调查工作各个方面和全部过程进行通盘考虑，涵盖整个调查工作的全部内容。调查总体方案是否科学、可行，是整个调查成败的关键。

市场调查总体方案主要包括确定调查目的、调查对象和调查单位、调查项目、调查提纲和调查表、调查时间和调查工作期限、调查地点、调查方式和方法、调查资料整理和分析方法、提交报告的方式、调查的组织计划等内容。

(1) 采购市场调查的主要任务

采购市场调查要完成的主要任务包括：

1) 所购产品的价值分析。该项调查主要与采购的具体产品有关，采购者可以根据调查收集需采购对象的详细信息，通过价值分析，在替代品之间作出比较选择，从而更有效地利用采购资金。

2) 采购对象调查。该项调查主要是针对大宗采购的代表性货物或者那些在供应上可能会发生严重短缺的小批货物采购环境作出预测，为采购决策提供有关这些货物未来的供应与价格信息。

3) 供应商调查。对现有与潜在的供应商的财务能力、生产设施与生产能力、成本分析、质量标准、绩效评估、销售策略等的调查。

市场调查完成后需要提交市场调查报告。主要内容包括调查目的及所要解决的问题；市场背景资料；调查与分析的方法；调查数据及其分析整理；提出论点并论证所提观点的基本理由；提出解决问题时可供选择的建议、方案和实施步骤；预测可能遇到的风险、提出对策等。

(2) 采购前期准备

除了做好采购需求识别与市场调查基础工作外，作为采购前期的准备工作还包括：

1) 了解采购相关的法律法规。了解有关货物或服务的保险，损失赔偿的法律法规及通行惯例。

2）国际采购基本信息。如果有必要到国际市场上采购，还需要了解有关国家的汇率情况，国际贸易的支付方法等信息。

3）项目采购资金筹措情况。如果项目自有资金不足，需要以贷款或者融资租赁的方式采购一些大型设备，那么还需要了解国家的利率政策，出口信贷政策以及融资租赁条件等。

学习单元 2　发布采购需求信息

学习目标

➢ 了解采购信息发布的方法

一、项目采购信息流向

项目采购信息包括 3 个流向。

第一，项目内部流向采购部门的信息流，是采购需求识别的来源。

第二，项目组织外部流向采购部门的信息流，是采购市场调查的来源。

第三，从采购部门流向供应市场的信息流，构成采购信息发布的主要内容。

二、采购信息的发布方法

采购信息常以采购需求文件的形式发布，是在完成项目采购需求识别并已经明确阐明了采购需求后，经过采购市场调查与分析，有准备地向项目组织外部表达采购需求的过程。需求的表达就是从自身的角度出发，全面、详细地向供应商陈述、表达其已识别的需求。要求能提供全面的、明确的信息，让供应商能够准确把握客户所期待的产品或服务是什么，只有这样，供应商才能向客户提交有竞争力的投标书。

三、采购信息发布的要求

项目采购信息的发布要求具有全面性、准确性、针对性，一般应采用正式、书面的方式。采用招标采购的采购信息发布，应该按照《招标投标法》有关规定，通过指定的报刊和信息网络发布。非招标采购的采购信息发布，除了通过社会公开发行的各种媒体向社会公众发布外，在实践中更常用的是通过电话、传真、信函等方式向潜在的供应商发布采购信息，或者通过召开订货会发布采购信息。

学习单元 3　采购合同

学习目标

- 了解采购方式
- 了解采购合同的种类
- 能够读识采购合同

一、采购方式

计划的过程实质上就是设计备选方案并从中作出选择的过程。项目采购计划一般要对下列事项之一作出决策。

1. 总包采购

通过一家总承包商采购所有或大部分所需要的货物和服务。例如，选择一家设计施工公司来完成一项基本建设设施；选择一家系统集成公司来研制某一电脑软件系统；成立一家合资企业承担一项工程项目。在这种情况下，从询价到合同终止的各个过程都只要实行一次。

2. 多家分散采购

向多家承包商采购项目所需的大部分货物和服务。在这种情况下，从询价直至合同终止的各个采购过程，都要在采购进行过程中的某一时刻为每一个采购活动实行一次，这种方法一般都要有订货和采购专家的支持才能进行。

3. 零星采购

采购项目所需的小部分货物和服务。这时，从询价直到合同终止的各个采购过程也要在采购进行过程中的某一时刻，为每一采购活动实行一次。这种方法在使用时有无订货和采购咨询专家的帮助都能进行。

4. 不采购货物和设备

这种方法常用于研究和科技开发项目（如当实施组织不愿别人得到项目技术信

息时）和许多小型的、机构内部的项目（如当采用某种外部来源时的管理费用超出内部管理成本时使用）。这时，从询价到合同终止的各个过程都不必实施。

常用的项目采购方式有：

1. 公开竞争性招标

公开竞争性招标是由招标单位通过报刊、广播、电视等媒体工具发布广告，凡对该招标项目感兴趣又符合投标条件的法人，都可以在规定的时间内向招标单位提交意向书，由招标单位进行资格审查，核准后购买招标文件，进行投标。公开竞争招标的方式可以给一切合格的招标者以平等的竞争机会，能够吸引众多的投资者，故称之为无限竞争性招标。

公开竞争性招标根据项目采购的规模大小、要求的货物和服务的技术水平高低以及资金来源，又可根据其涉及的范围大小，分为国际竞争性招标和国内竞争性招标。

2. 有限竞争性招标

有限竞争性招标又称为邀请招标或选择招标。有限竞争性招标是由招标单位根据自己积累的资料或由权威咨询机构提供的信息，选择一些合格的单位发出邀请，应邀请单位（必须有 3 家以上）在规定时间内向招标单位提交投标意向，购买投标文件进行投标。

这种方式的优点是应邀投标者的技术水平、经济实力、信誉等方面具有优势，基本上能保证招标目标顺利完成；其缺点是在邀请时如带有感情色彩，就会使一些更具竞争力的投标单位失去机会。与公开招标相比，这种方式节省了广告费用，减少了招标工作量。

3. 询价采购

询价采购即比价方式，一般习惯称为“货比三家”。它适用于项目采购时即可直接取得的现货采购，或价值较小、属于标准规格的产品采购。有时也适用于小型、简单的工程承包。

询价采购是根据来自几家供应商（至少 3 家）所提供的报价，然后将各个报价进行比较的一种采购方式，其目的是确保价格的竞争性。这种方式无须正式的招标文件，只要向几个供应商进行询价比较，即可最后确定采购的厂家。

4. 直接签订合同

直接签订合同也称为议价采购，是指由买卖双方直接协商价格实现交易，是一种在特定的采购环境下，不进行竞争而直接确定合同的采购方式。这种方式主要适用于不能或不便进行竞争性招标、竞争性招标优势性不存在的情况下，或者是需要量大、质量稳定、定期供应的大宗物资的采购。例如，有些货物或服务具有专卖性质，只能从一家制造商或承包商处获得；在重新招标时没有一家承包商愿意投标等。

5. 自制或自己提供服务

这种方式不是一种严格意义上的采购方式，而是由项目实施组织利用自己的人员和设备生产产品或承包建造工程。这可能是由于项目的一些特殊要求或是项目组织本着成本效益原则分析的结果所决定的。

为了避免产生高成本和低效率的问题，采用这种方式进行采购前应尽可能详细地设计并估算成本；在实施过程中，应建立严格的内部控制制度，进行进度、投资、质量控制。

二、采购合同的种类

一般采购合同包括采购合同双方名称、标的、数量、质量、价款或报酬、履行期限、履行地点与方式、违约责任、解决争议的方法等主要内容，还可以包括包装方式、检验标准、结算方式以及双方约定的其他事项等。按不同的分类方法，采购合同的分类也不同。

1. 按照项目发包方式划分

按照项目发包方式进行采购合同划分，主要是基于项目组织实施方式的差异。相应的采购合同类型有：

（1）总承包合同

项目由一家承包商承担，业主只与该承包商签订一份总承包合同。

（2）分包合同

项目的不同组成部分分别由多家承包商承担，业主与多家承包商签订多份合同。

2. 按照采购对象划分

（1）工程采购合同

工程采购合同是指以项目中工程实体建设为采购对象的采购合同。

（2）物料采购合同

物料采购合同是指以项目所需要的设备、材料为采购对象的采购合同。

（3）服务采购合同

服务采购合同是指以提供项目设计、监理、项目管理以及其他有关咨询业务为采购对象的采购合同，这些供应商一般都是提供“软”的服务。

3. 按照合同计价方式划分

（1）固定价或总价合同

这种类型的合同就是把各方面非常明确的产品的总价格固定下来。如果该产品的限定要求不能做到各方面都很明确，则买主和卖主将会有风险。买主可能收不到希望的产品或者卖主可能要支付额外的费用才能提交该产品。固定价合同往往还可以增加激励措施，以便达到或超过预定的项目目标。

（2）单价合同

付给承包商的报酬按单位量计算，单价确定。因此，该合同的总价是完成该项目所需工作量的函数。

（3）成本加酬金合同

成本加酬金合同也称为成本补偿合同。这种类型的合同就是向承包商支付（报销）项目的实际成本。成本一般分为直接费用（项目直接开支的费用，例如项目人员的薪水）和间接费用（由实施组织分摊到该项目上作为经营费用的费用，例如承包商行政人员的工资）。间接费用在计算时一般都取直接费用的某个百分比。成本加酬金合同经常包括某些激励措施，以便达到或超过某些预定的项目目标。

这种合同方式的基本特点是按照项目的实际发生成本加上商定的管理费和利润来确定项目总价。在实践中，成本加酬金合同又可以分为成本加固定百分比酬金、成本加固定酬金、成本加浮动酬金、目标成本加奖罚 4 种。

1）成本加固定百分比酬金。成本加固定百分比酬金包括项目成本中的直接费用加一定比例的报酬费。总价随着实际成本的增加而增加，显然不利于承包商关心缩短工期降低成本，对顾客（买主）不利，现在较少采用。计价公式如下：

$$C=C_d+C_d\times P$$

式中 C——合同总价；

C_d——实际发生的项目成本；

P——固定百分比。

2）成本加固定酬金。项目成本实报实销，但酬金是事先商定的一个固定数目，计价公式如下：

$$C=C_d+F$$

式中 C——合同总价；

C_d——实际发生的项目成本；

F——固定酬金。

这种合同计价方式比成本加固定百分比酬金方式进了一步，虽然还不能鼓励承包商关心降低成本，但从尽快取得酬金的角度出发，将会关心缩短项目工期。

3）成本加浮动酬金。这种合同计价方式是预先商定项目成本和酬金的预期水平，根据实际成本与预期成本的离差，酬金上下浮动，计算公式为：

$$当\ C_d=C_o，则\ C=C_d+F$$

$$当\ C_d>C_o，则\ C=C_d+F-\Delta F$$

$$当\ C_d<C_o，则\ C=C_d+F+\Delta F$$

式中　C_o——预期成本；

ΔF——酬金的增减部分（可以是一个百分比，也可以是绝对数）。

4）目标成本加奖罚。这种计价方式与成本加浮动酬金基本相同。以项目的粗略估算成本作为目标成本，随着项目设计的逐步具体化，劳务数量和目标成本可加以调整。另外，规定一个百分数，作为计算酬金的比率，最后结算时，根据实际成本与目标成本的关系确定。计价公式如下：

$$C=C_d+P_1\times C_o+P_2\times(C_o-C_d)$$

式中　C_o——目标成本；

P_1——基本酬金百分数；

P_2——奖罚百分数。

（4）计量估价合同

计量估价合同以承包商提供的劳务数量清单和单价表为计算价金的依据。

在项目合同的谈判过程中，对诸如合同的类型、条件、成本、价金、日程安排是否优先考虑项目启动等问题，双方都要作出明确的规定。但关于合同的协商、准备至最后签约，可能需要数月才能完成，如果顾客（买方）需要工作马上开始，则顾客可能提供一个初级建设性文件给承包商（卖方）。通过这一文件授权给承包商在取得其他制造商支持与服务的情况下决定工作先行开始，而合同的最终价格往往要在项目启动之后才能逐步确定。

读识采购合同案例

当了解了采购方式和采购合同种类后，就可以从采购合同双方名称、标的、数量、质量、价款（报酬）、包装方式、检验标准、结算方式、履行期限、履行地点与方式、违约责任、解决争议的方法以及双方约定的其他事项等方面读识合同。

某办公家具购销合同样例

办公家具购销合同

需方：××××× （以下简称甲方）

供方：×××× （以下简称乙方）

根据《中华人民共和国合同法》及有关法律、法规的规定，本着平等互利的原则，甲乙双方经友好协商，一致同意按下列条款签订本合同。

一、货物明细：

关于货物名称、规格形式、数量、详见货物明细表如下：

序号	家具名称	数量	规格形式
1	组合沙发	4套	3+2+1座组合沙发+方形茶几（0.5×1.0）
2	单人沙发	500张	0.8×1.2

二、合同价款：

本合同采用固定单价合同，组合沙发每套1 500元，单人沙发每张200元。合同总价为：¥106 000元，大写：壹拾万零陆仟元整。

三、合同日期：

乙方交货日期为自本合同签字盖章之日起30天。甲方在交货日期前5天书面通知乙方供货。

四、交货地点、包装、运输、检验：

4.1 交货地点，甲方××办公现场，甲方现场指定地点。

4.2 货物由乙方负责采用汽车运输，按照合同约定交货时间运输到指定地点，乙方提前24 h书面通知甲方到指定地点收货。

4.3 货物包装按照乙方投标文件中所提出的厂内标准要求进行包装。

4.4 货物安装由乙方根据家具设计图、空间布局图进行安装、布置，乙方安装完成后，3日内向甲方报请验收。甲方在收到报请后7日内应组织验收，超出7日没验收视为验收合格。

4.5 甲方和受其委托的项目管理公司、监理公司共同对家具进行验收，验收依据为家具验收技术要求（省略）、乙方投标文件和国家现行相关验收规范、标准。

五、付款方式：

5.1 甲方采用电汇的方式付款。

5.2 合同签订即生效，本合同无预付款。

5.2.1 货到安装完成，经验收合格后1周内支付相应货物价款的50%。

5.2.2 货物投入使用满1个月后1周内支付到货物总价款的95%。

5.2.3 货物总价款的5%为质保金，货物投入使用1年后无质量问题，甲方一次性返还质保金。

六、甲、乙双方责任：

6.1 甲方责任：

6.1.1 甲方提供所需家具的平面布局图。

6.1.2 甲方提供货到组装的场地和必要的安装条件。

6.1.3 甲方组织验收。

6.2 乙方责任：

6.2.1 乙方按照提供的图纸和供应的货物清单进行生产，负责核实图纸内货物的准确数量。

6.2.2 乙方负责到现场实测、实量空间，核对与图纸是否有差异，综合考虑房间的布局，合理利用空间，甲方提供的布局图供参考，乙方应考虑强弱电与办公家具之间的走线、连接问题，由此若造成办公家具无法正常使用强弱电系统，由乙方负责。

6.2.3 乙方负责货物的运输、下车、搬运、安装和参与验收，运输、安装过程中出现的货物损坏由乙方负责，乙方负责安装完成后的场地清理工作。

6.2.4 乙方保证所提供货物符合安全使用标准，产品质量按乙方已提供的样品、图片和技术要求验收。

6.2.5 所有物品除甲方人为损坏、使用不当造成产品损坏外，乙方负责免费保修5年，5年后如产品出现问题，乙方负责维修，仅加收材料费。

七、售后服务：

续表

乙方负责所有产品的售后服务，在收到甲方通知后 48 h 内必须到场处理；乙方自交货验收通过之日起 5 年内免费维修，具体保修和售后服务参照乙方投标文件相关条款执行。

八、违约责任：

8.1　交货逾期 1 天将以 5‰罚款，至多不超过总价款的 10%。

8.2　甲方应在规定的时期内付款，如未按时付款或付款时间拖延超过 7 天，乙方有权提出赔偿。赔偿计算方法：按未付金额的 1‰每天累加，至多不超过总价款的 10%。

九、合同争议

9.1　本合同在履行期间，如双方发生争议，由双方当事人协调解决。

9.2　当事人不愿意通过协商、调解解决或协商、调解不成时，争议双方可向××市仲裁委员会申请仲裁。

十、附则

10.1　本合同正本两份，双方各执一份，副本肆份，甲方执二份，乙方执二份。经甲乙双方签字（盖章）后生效。

10.2　本合同履行完成后自动终止。

甲　　方：	乙　　方：
盖章：	盖章：
甲方授权代表：	乙方授权代表：
签字日期：	签字日期：

第 2 节　项目采购实施

学习单元 1　市场调查方法

学习目标

➢ 了解采购市场调查的主要方法

➢ 了解市场调查资料分析方法

➢ 能够进行采购市场调查

一、采购市场调查的主要方法

1. 询问调查法

询问调查法是以询问的方式作为搜集资料的手段，把所要调查事项通过访问和通信的形式向被调查者询问以获取所需资料的调查方法。它是调查中经常采用的一种方法，通常分为面询法、电话调查、邮寄调查和留置问卷调查等。

（1）面询法

面询法是调查者与被调查者进行面对面交谈的调查方法。调查者一般要将事先准备好的问题顺序提出，听取被调查者的意见。当面询问可以是个别面谈，也可以是集体座谈。集体座谈一般是为了了解存在于某一群体中的特殊要求，可以活跃气氛，互相启发，有利于对问题进行更深入的讨论，有时会得到意想不到的有用信息。

面询法的优点是具有一定的灵活性，调查内容可以广泛深入，资料有较强的真实性。缺点是调查费用高，调查结果好坏直接受调查人员业务水平高低的影响。

（2）电话调查

电话调查是调查人员按照抽样的要求和样本的范围，通过电话向调查对象询问意见和建议。这种方法的优点是可以在短时间内调查若干用户，调查费用较低，搜集资料迅速。其缺点是受通话时间限制和对方配合意愿的影响较大，不便询问复杂内容，调查对象仅限于通信发达的地区和用户。

（3）邮寄调查

邮寄调查是将设计印制好的问卷或调查表邮寄给调查者，由其自行填写后寄回，再加以整理分析的一种调查方法。这种方法的优点是调查的范围广泛，被调查者有充分考虑的时间，调查费用较低等。其缺点是调查时间较长，调查表回收率低，难以对调查问题作深入征询等。

（4）留置问卷调查

留置问卷调查是调查人员将问卷当面交给被调查者，说明要求和回答方法后，留置于被调查者处，由其自行填写寄回或由调查人员定期收回。这种方法的优点是弥补了邮寄调查回收率低的缺陷，提高问卷回收率，并可多次留置，特别适用于固定样本的调查。其缺点是费时费力，且费用较高。

2. 现场观察法

现场观察法是指由调查人员通过直接观察的方式进行实地考察，从而获得所需资料的方法。运用现场观察法时，通常可以对一个目标以相同的形式在不同的地点进行相同内容的观察，以获取更为科学的数据记录；对于同一个目标，也可以从不同的角度进行观察分析，以对观察目标了解得更为全面。

现场观察法具有以下优点：能够比较客观地搜集资料；可以直接调查被调查对象的现场行为，调查结果较符合实际；若抽样设计科学合理，可以得到较满意的统计推断结果。观察法的不足在于：只能报告发生的事实，无法了解到内在原因和被调查者的建议和意见；花费较高，调查结果在一定程度上受到调查人员业务水平的制约。

3. 实验调查法

实验调查法是将所要调查的问题放在一定的场合进行小范围实验，然后再对实验结果进行分析研究，判断其是否值得大规模推广以及是否需要改进的调查方法。例如，项目对新开发的产品进行试销或请用户试用，听取顾客对产品价格、广告、质量等的反映和购买情况，为决定生产批量和营销策略提供依据。

实验法的优点是方法较为科学，可以获得比较正确的原始资料。其缺点是时间花费较长，取得资料的速度慢；选择社会经济因素及类似的实验点较困难，而且对变动的因素不易掌握。

4. 抽样调查方法

市场调查按其范围分有普遍调查和抽样调查两种方式。由于市场是一个复杂庞大的总体，用户不仅数量众多，而且分布广泛。如果采用普查法，不仅耗费大量的人力、财力、物力，而且调查时间长，不能及时取得调查结果，时效性比较差。所以，市场调查经常采用抽样调查的方法。

所谓抽样调查，就是根据一定的要求从调查对象的总体中抽取一部分个体（也称样本）进行观察，并依据所获得的数据资料对调查总体的特征进行一定可靠性的推断，从而达到认识、了解总体的一种调查方法。抽样调查不仅能够对某些总体庞大、分布松散、不可能或没必要进行普查的社会经济问题进行较为准确的推断，而且省时、省力、节约开支，提高了调查的经济效果。

二、资料分析方法

资料分析是指通过对直接资料和间接资料的收集、整理与分析，得出一定的结论、解释或建议的调查分析方法。搜集资料的目的是为了有效利用，因此，资料的收集要有针对性，根据具体需要有目的、有计划地收集；要注意保持资料的系统性、完整性和连续性；要有预见性，注意及时收集有关调研问题发展动向和发展趋势的情报资料。

1. 调查资料的分类

调查所收集的资料一般可分为两种，即直接资料和间接资料。直接资料又称为原始资料或第一手资料，是调研人员自己通过实地调查获取的资料，一般来说这种资料的取得需要较高的成本。原始资料包括的内容有备忘录、信件、完整的访谈或演讲、法律、规则等。原始资料总是最权威的，因为这些数据没有经过第二方过滤或者解释。收集方法包括询问法、观察法和实验法等。间接资料又称为第二手资料，也就是别人收集并经过整理的资料或称为现存的资料。收集第二手资料的主要方法是直接查阅、交换、索取、购买和通过情报网收集等，渠道包括一些公开的出版物、互联网、政府和有关行业提供的统计资料及厂家提供的资料（如样本、手册等）等。作为一项原则，除了特殊情况外，获取第二手资料的成本必须低于第一手资料。实际的市场调研工作是将上述两类资料结合起来，进行比较、分析、整理，得出市场调研的总结论。两者在市场调研过程中缺一不可，相互补充。

2. 资料分析

调查收集的大量资料如何变成有条理的信息，为制订计划或决策作参考，这就需要进行资料的整理与分析。在整理分析之前，这些资料是零散的、个别的，需要对这些资料进行科学的整理，以便于分析研究。资料整理应遵循条理化、系统化与统计汇总原则。条理化是指对资料进行分类从而为进一步地分析创造条件；系统化是指从整体上考察已得到的资料满足需要的程度如何，有没有必要吸收补充其他资料；统计汇总是指将调查得到的各种数据进行初步的统计整理，以把握其总体上的数量特征。整理资料分析的程序和方法如下：

（1）审核

审核即对调查收集来的资料进行审查核实，目的在于保证资料的客观性、准确性和完整性，从而为后续资料整理与分析工作打下较好的基础。资料审核工作一般遵循真实性原则、标准性原则、准确性原则和完整性原则。

（2）编校

一方面要将调查表格的数据按照要求计算清楚，对表中彼此有关的数字进行校对，使调查表本身没有自相矛盾之处。另一方面要把经过审核的资料，按调查提纲的要求，将有些情况、问题和答案加以整理，通过编校过程来消除资料中含糊不清的地方，以确保资料准确。

（3）分类

对经过编校的资料进行分析，围绕调查目的和题目进行分类。分类的一般原则是：各类别之间应有显著的差异性，不交叉、不从属；同一类的资料应尽量保持相同的性质；分类的粗细、层次要适度。

（4）汇总

将资料分类后就进行汇总，得到定性资料与统计资料。定性资料一般以文字形式进行组织和编辑，统计资料则以统计图、统计表的形式体现。统计表又可以分为简单表、分组表和复合表。

(5) 资料综合分析

完成资料的整理后，就开始进行资料分析。资料分析方案多种多样，对于不同类别的资料有不同的资料分析方法和技术，对于同样的调查资料也可以采用不同的分析方法和技术。总体上说，资料分析方法包括定性分析方法与定量分析方法。常用的定性分析方法是直接比较研究法，即对具有可比性的多组数据进行直接比较分析的方法。常用的定量分析方法包括相关分析法与回归分析法，是研究变量之间关系的主要方法。

市场调查方法在采购中的应用案例

一、工作名称

办公家具采购市场调查

背景：某办公楼项目已完成主体结构工程，并确定了室内精装修设计方案，项目经理拟根据室内精装修设计方案的功能分区及平面布局，对办公楼投入运行时所需的家具进行采购，采购前组织进行了家具采购市场调查，为制订采购计划并实施采购提供基础材料。

二、工作准备

1. 根据办公楼设计的功能分区及平面布局，分析家具采购需求，明确主要采购目录。

2. 细化采购目录，编制采购清单。

3. 对采购清单进行内部评审，初步确定采购清单内各单项的数量、规格、功能、用材以及价格范围。

4. 对家具供应商的资质、信誉、业绩、生产供货能力，家具的产地、品牌作出初步的档次和范围划定，划定采购供应商条件。

5. 明确市场调查中的各项调查、汇总工作责任人，根据要求到货日期与家具的一般生产、运输周期以及采购谈判时间核算进度计划，制订调查工作日程计划。

三、工作程序

1. 采用资料分析法，根据采购需求中初步确定的家具供应商条件，收集满足条件的产品供应商资料，主要的调查方法有：

(1) 通过互联网查找家具行业内综合评价排名靠前的家具供应商的详细资料。

(2) 采用询问调查法进行客户调查，通过某供应商的客户了解该供应商的实力及其产品。

(3) 采用询问调查法，向采购领域的专家进行咨询，了解近年来家具市场上的知名供应商及满足本项目采购条件的相关供应商。

(4) 采用现场观察法，对近期本地区内进行大规模展销的家具供应商及其产品进行现场考察，收集企业资料。

2. 采用资料分析法，根据采购清单，对采购产品各单项的市场价格进行咨询和收集，主要的具体调查方法有：

(1) 采用询问法进行客户调查。根据本项目采购清单所含内容，对与本单位有来往的相关单位或本项目周边新建、在建的工程进行调查询问，了解相关单位或项目中家具采购的合同价格和实际履行价格，汇编收集同类产品的价格数据。

(2) 采用现场观察法，对近期本地区内进行大规模展销的家具供应商及其产品进行现场询价。

(3) 根据前期资料调查中所搜集的符合本项目条件的潜在供货商发出采购询价文件，进行询价。

(4) 向有关行业协会征询本项目所需家具产品的市场价格统计数据或征求询问相关政府部门的市场指导价。

3. 在采购谈判过程中，采用面询法对供应商的实力、产品、价格进行询问调查。

4. 在采购谈判过程中，采用现场观察法对供应商的企业及生产厂地进行实地考察，观察其生产能力、资信状况、产品质量等情况。

四、注意事项

1. 确保采购市场调查合理有效，并能为采购工作提供充分、全面依据的先决条件是：对项目设计进行分析，对其设计的实施内容进行分解和论证，明确采购需求和采购内容，制定完整的采购清单，并设定采购预算范围。

2. 在进行市场调查时，必须充分确保信息来源的权威性和真实性，即合理地选择调查询问对象，在以本项目为中心的基础上建立调查取样。

3. 在进行资料收集汇编时，应对资料中各类数据的时效性和普遍性进行分析，确保其数据真实有效。

4. 在进行市场调查时，尽可能采用文字、音像、图片、实物样品的方式留存原始资料，在原始资料完善的基础上进行调查结果的汇编。

学习单元 2　询价的基本知识

学习目标

- 了解询价的基本知识
- 能够采集市场价格并进行整理

一、询价的基本知识

1. 询价的定义

询价的一般意义是：在确定了项目所需产品的采购方式之后，项目组织根据采购方式的不同，了解市场价格，向潜在供应商发送采购询价文件，以获得投标报价或供应商报价单的过程。

2. 询价的方式

项目询价的方式多种多样，不同的采购方式有不同的询价方式。最常用的两种方式如下：

（1）通过招标获取货物或服务的报价

按照招投标法的要求，编制招标书发布给潜在的供应商，从投标书中获得所需要的货物或者服务的价格，衡量各供应商的实际情况后进行选择。

（2）直接询价

询价采购作为一种采购方式，是根据来自多家供应商（至少 3 家）所提供的报价，将各个报价进行比较的一种采购方式，以确保价格的竞争性。这种方式无需正式的招标文件，只需要向多个供应商进行询价比较，最后确定供应商。

3. 询价计划的编制

为保证询价采购的顺利完成，根据项目以及采购对象的实际情况，需要编制询价计划。询价计划编制的依据包括采购计划、项目设计标准、项目的范围、采购对象的技术参数、项目进度计划等项目采购需求的有关信息，以及市场供应信息。

询价计划编制的主要内容包括：

（1）采购文档

采购文档主要包括潜在供应商名单以及其可能的供货范围，采购项目有关说明，期望答复的内容与形式以及所有必要的合同条款。采购文档既要严格，又要保证所有潜在供应商的答复具有一致性和可比性，还要有一定的灵活度，以便于潜在供应商能提供出更有利于满足买方要求的建议。

（2）采购评价标准

采购评价标准用于对潜在供应商的答复进行排序或评分，以便确定采购对象的可能来源与购买价格。

询价采购属于非招标采购方式，由于程序相对简化，操作比较方便，采购周期较短，在符合国家有关法规或者项目组织内部规定的前提下，这种方式被广泛运用于采购实务中；但该方式存在询价信息公开面较狭窄、询价过于倾向报价优势而忽视对供应商资格性审查和服务质量的考察、询价采购的文件过于简单等问题。因此，在询价时最好要翔实编写询价采购有关文件，充分体现完整性和规范性，对价格构成、评标成交标准、保证金、合同条款等关键性的内容要表述清楚，避免产生歧义，以利供应商掌握并提供合理的报价。

询价文件主要内容包括：提供准确、完整的采购对象描述，如描述采购产品品质的规格书、需求量的清单；要求明确的报价基础与价格组成，通常包括报价的币值与贸易条件，分项价格清单；买方的有关付款条件，如提出货到付现或预付货款等选项；完工或交货期的要求，如样品与正常生产所需要的时间等；包装方式要求，如果没有提出特殊的包装要求，供应商都会以其标准的包装方式来进行估价；保证金与方式、运送地点与交货方式；售后服务与保证期限要求；供应商的报价到期日；保密协定相关规定或约定；采购方的联系方式等。

4. 政府采购法中的询价采购

询价采购也是《中华人民共和国政府采购法》（以下简称《政府采购法》）确定的采购方式之一，属于《政府采购法》适用范畴并按照询价采购方式实施的采购，必须按照法律的规定执行。根据法规规定，询价采购必须满足 4 个条件：采购对象必须是货物；所购货物规格、标准一致；该货物在市场上货源充足，交钱即可提货；该货物价格相对稳定，在一定时期内波动幅度不大。只有同时符合这 4 个条件，才可采用询价方式采购。询价采购作为一种法律规范下的特殊采购行为，必须严格依照法定程序实施。

二、市场价格采集的主要方式与要求

市场价格采集主要是通过对采购对象进行市场调查，以获得与采购对象价格有关的基本信息。

数据采集的基本要求：

1. 数据采集前先要明确目的，即采集此数据要解决什么问题。

2. 采集数据的方法要尽量简便。

3. 采集的数据必须真实可靠，绝不允许弄虚作假。

4. 详细记录采集数据的背景情况。如采集数据的时间、地点、目的、使用的仪器设备、采集的方法、采集人等。

5. 事先制定统一的表格，明确统计范围和计算方法。

市场价格采集的主要方式有历史资料调查、公开资料调查、分析测算、厂家或销售渠道调查与询价。

历史资料调查是通过本单位或者类似采购对象的历史价格资料调查，进行适当的分析计算得出参考价格。公开资料调查是通过行业发布的价格信息、互联网上公布的价格信息、定额信息、订货会信息、厂家提供的产品介绍或者样本信息进行调查。分析测算是通过对采购对象的工料分析与工艺分析，测算出直接费用与间接费用，得出价格。其中工料与工艺分析也是以市场价格为基本依据，一般用于非传统工艺的工程项目、非标设备、服务性项目的采购。厂家或销售渠道调查是直接到厂家销售部门或者其销售渠道进行直接的价格调查，以获得市场价格。

询价结果的整理案例

一、工作名称

办公家具市场询价结果的整理

某办公楼项目已完成主体结构工程，并确定了室内精装修设计方案，项目经理拟根据室内精装修设计方案的功能分区及平面布局，对办公楼投入运行时所需的家具进行采购。采购前组织进行了家具采购市场调查，并向有关供应商进行了询价，现对询价过程资料及询价结果进行整理。

二、工作准备

1. 准备采购询价计划、采购评价标准、询价采购文件、询价通知书等基础资料。

2. 准备询价结果整理的相关工具表格。

3. 准备询价过程的原始资料。

4. 收集询价回复书及其他相关反馈信息。

三、工作程序

1. 市场价格采集汇总表填写

根据询价原始资料，将通过历史资料调查、公开资料调查、分析测算、厂家或销售渠道调查与询价4种方式所采集的市场价格，进行填表归类。以单项家具产品为单元填写，并分析核算平均价格（见表8—1）。该表填写完后，应将原始资料附录中所包括的各类原始资料附后作为依据证明。

表8—1 市场价格采集汇总表

项目名称：某办公楼工程项目 编号：CG-2007-01

产品（设备、材料）名称：	电脑桌椅				
规格及技术参数	一桌一椅				
历史资料调查	价格（元）	时间	品牌（厂商）	来源	备注
	700	2006-09	A	某区政府采购	
	650	2006-11	C	某公司采购	
公开资料调查	价格	时间	品牌（厂商）	来源	备注
	720	2007-01	A	A企业网站	
	680	2007-01	B	行业展销会目录	
	660	2007-01	C	行业展销会目录	
分析测算	价格	时间	品牌（厂商）	来源	备注
	680	2007-01		某造价咨询公司	
厂家或销售渠道调查与询价	价格	时间	品牌（厂商）	来源	备注
	690	2007-03	A	传真询价	
	660	2007-03	B	访问询价	
	640	2007-03	C	邮寄产品清单	
平均价格范围	640～720元				
原始资料附录	传真件、展销会目录、采购清单及合同复印件、产品清单				

2. 询价结果汇总表填写

向供应商发出询价通知书后，根据供应商的询价回复书，将各家具产品的询价数据填入汇总表格（见表8—2）。

表8—2 询价结果汇总表

项目名称： 时间： 编号： 单位：元

序号	产品名称	数量	规格形式	产品备注	供货商单价及备注						市场价格范围
					A供货商	备注	B供货商	备注	C供货商	备注	
1	电脑桌椅	50	一桌一椅		700	复合材料	650		630		640～720
2	组合沙发	4	3+2+1座组合沙发	办公楼休闲区	5 466	意大利进口	3 850		2 900		2 500～7 000
3	…	…	…	…	…	…	…	…	…	…	…

3. 询价结果评定

根据采购评价标准，对各单项家具产品的询价结果进行评定（见表 8—3），评定时邀请家具行业内专家参加。

表 8—3　　采购询价评价意见表

项目名称：　　　　时间：　　　　编号：

序号	家具名称	数量	规格形式	总体意见
1	电脑桌椅	50	一桌一椅	A 供货商虽然报价远高于 B、C，但考虑到其产品材质特殊性及先进工艺，且在市场价格范围内，应优先 A 供货商。如以价格为优先条件，应选定价格最低的 C 供货商
2	…	…	…	…
3	…	…	…	…

4. 询价结果合并汇总

根据采购询价评价意见，对各单项采购的询价结果进行合并汇总（见表 8—4），计算总价。

表 8—4　　采购询价金额汇总表

项目名称：　　　　时间：　　　　编号：　　　　单位：元

序号	产品名称	数量	规格形式	产品备注	供货商单价及备注			总价	合计
					供货商	单价	备注		
1	电脑桌椅	50	一桌一椅		A 供货商	700	复合材料		
2	…	…	…	…	…	…	…	…	…

5. 采购询价报告

将过程资料汇总，编制成册，对采购询价过程进行评述，编写采购询价报告。

四、注意事项

1. 在进行市场价格采集过程中，必须确保原始资料及信息来源的真实性和有效性。

2. 询价采购要最大程度地公开询价信息，更多地邀请符合条件的供应商参加询价。

3. 询价过程及评价过程必须依据国家或企业内部相关规定，组织采购人、职能监督部门、专家组成合理的询价评价组织，依法依规地进行采购询价活动。

4. 进行询价时，应对询价过程中同类产品所具备的差异性和特殊性进行记录和描述，以作为其价格差异评价的重要依据。

5. 在进行采购询价时，应将采购人对采购标的物的其他相关需求表述清晰，包括品牌、到货日期等，对供货商的资质、实力、信誉、业绩也应作出明确要求，以确保最终采购询价的综合评价合理可行。

第9章 项目收尾及后评价

第1节 合同收尾

学习单元1 收集项目相关合同资料

学习目标

- 了解合同收尾的概念和作用
- 了解项目合同与其他项目资料文档的联系
- 能够收集项目合同相关的资料

一、项目合同收尾的概念和作用

合同收尾就是按照合同的要求，对项目进行验收、付款、移交等工作，并解决未尽事项，关闭合同的过程。项目管理员应能够收集合同履行过程中的各种资料并进行归档。

项目签约双（多）方按照项目合同的约定，各自履行其全部义务后，合同即告终止。

根据我国现行法律规定，项目合同可由以下几个原因终止：

1. 合同因履行而终止

合同的履行，就意味着合同规定的义务已经完成，权利已经实现，因而合同的法律关系自行消灭。所以，履行是实现合同、终止合同法律关系的最基本的方法，也是项目合同终止的最常见的原因。

2. 合同因行政关系而终止

项目合同的双方当事人根据国家计划或行政指令而建立的合同关系，可因国家计划的变更或行政指令的取消而终止。

3. 合同因不可抗力影响而终止

项目合同不是由项目合同当事人的过错而是由某种不可抗力影响而致使合同义务不能履行的，应当终止合同。

4. 当事人双方混同一人而终止

法律上对权利人和义务人合为同一人的现象，称为混同。发生项目合同当事人合并为一人的情况，那么原来的合同已无履行的必要或已不需要依靠这种契约关系而维系项目的实施，因而项目合同自行终止。

5. 合同因双方当事人协商同意而终止

项目合同的当事人双方可以通过协议来变更和终止合同关系，所以通过双方当事人协议而解除合同关系或者免除义务人的义务，也是终止项目合同的一种方法。

6. 仲裁机构或者法院判决终止合同

当项目合同的一方当事人不履行，或不适当履行合同，另一方当事人可以通过仲裁机构或法院进行裁决以终止合同。

从上述原因中可以看出，某项目合同提前终止是合同收尾的一种特殊情形。

合同收尾能保证项目工作成果和项目合同的一致性。在项目合同收尾阶段，需要核实项目合同条款并根据项目合同条款对项目的范围进行核实，确保项目计划的工作都圆满完成；需要对项目的交付产品进行测试和试运行，确保产品的性能符合客户的质量标准要求；需要准备对项目的交付结果进行验收评审，确保项目的责任主体得到完全地移交。另外，还要整理合同文档，最后关闭项目合同。

二、项目合同相关文档

项目合同文档资料至少应包括项目招投标文件，合同正、副文本，合同附件，备忘录，相关的表格，清单以及在合同执行过程中所产生的会议纪要、合同变更申请及批准记录、合同补充协议，由承包商提出的技术文件、承包商的进展报告、合同付款凭证、单据等财务记录、合同验收报告等。项目管理员应在项目合同收尾之前，协助将这些资料收集齐全，以备查阅、对照、检验、归档、移交。

三、项目合同收尾和项目收尾的联系及区别

项目收尾是项目生命期的最后一个阶段，项目收尾阶段同时也是项目产品投入使用或者项目交付结果进入运营期的开始。项目没有一个圆满的交接，必将严重影响今后的运营工作，项目的维修保养无法进行，项目的商业目的也不可能实现。因此，必须做好项目的收尾、交接工作。在项目的收尾阶段包括一系列的工作，但是我们可以将主要工作分成两个部分：合同收尾和管理收尾。合同收尾和管理收尾一样，都是项目收尾工作的重要组成部分。需要注意的是，这两个部分之间并没有准确的先后时间关系和清晰的界限，在实际工作中，这两个部分的工作往往是相辅相成，结合在一起来完成的。

四、收集合同收尾所需的资料

合同收尾资料的收集是一项贯穿整个项目管理过程的工作，但收集合同收尾资料不是一项独立的工作，它是合同管理的一部分，是合同资料归档的前提，在资料归档的过程中完成。

首先，要做好合同收尾资料收集工作，应确定项目合同收尾资料的收集范围，也就是确定要收集哪些资料。如前所述，项目合同文档资料一般来说包括但不限于项目招投标文件，合同正、副文本，合同附件，备忘录，相关的表格，清单以及在合同执行过程中所产生的会议纪要、合同变更申请及批准记录、合同补充协议、由承包商提出的技术文件、承包商的进展报告、合同付款凭证、单据等财务记录、合同验收报告等。具体到每一个项目，又各有不同，如合同范围不同的项目其合同资料不相同，不同类型的项目其合同资料也各不相同。项目合同中一般都会说明项目过程中产生的各类资料文件类型和各自的作用和效力，也会规定项目结束后要移交的资料种类和清单，合同收尾资料的收集范围确定应以项目合同作为基础，每个项目的具体收集范围应在项目资料管理办法中予以明确。

其次，应注意项目管理过程中产生的各类资料的有效性。各类资料的有效性一般也在项目合同中约定，在项目资料管理办法中也会包含，例如，电子资料和档案的传递和确认办法，各个不同版次设计图纸有效性的确认等。收集到的项目合同收尾所需资料均要保证其真实有效。例如，未经双方或多方签字的纸质会议纪要往往是无效的。

再次，应根据项目类型和行业惯例或者项目资料管理办法中的规定对合同收尾相关资料进行分类，以便分类收集，保持同类资料的连续性和完整性，便于下一步的资料归档。

学习单元 2　归档项目相关合同资料

学习目标

➢ 掌握合同管理的基本知识

➢ 掌握合同归档的基本知识

合同的收尾阶段，项目管理员应对所有的合同文件进行整理、编号、装订，连同项目其他文件一起作为一整套项目记录资料归档。在整理合同资料时，应分门别类，做到数据齐全、忠于原始记录、标识清楚，还要便于查阅。整理完毕后交给专门的部门存放于专门的地点，以便需要时能方便找到。

一、项目合同管理的基本知识

一个项目的成败与合同以及合同管理有着密切的关系。因此，我们不仅要重视合同签订前的管理，更要重视合同签订后的管理。合同管理必须是全过程的、系统性的、动态性的。系统性就是凡涉及合同条款内容的各部门都要一起来管理。动态性就是注重履约全过程的情况变化，特别要掌握对我方不利的变化，及时对合同进行修改、变更、补充、中止或终止。切不可以为签了合同就万事大吉，把合同束之高阁，要防止由于合同管理不善而遭到的惩罚。

1. 项目合同管理的概念

项目合同管理，是指项目组织为维护自身合法权益，提高经济效益，根据项目特性依法对合同行为和合同生产经营中发生的活动进行的综合管理活动。

2. 项目合同管理的原则

项目合同管理的一般原则包括：

（1）合法管理的原则

合同管理应当符合国家和项目所在地的相关法律、法规规定，尤其不得订立非法合同。合同的签订、履行争议的处理等管理行为一般应有明确的法律依据。法律无明确规定或属法律空白的，合同应遵循一般的公平、公正、诚信等原则。

（2）全面管理的原则

完整的合同管理应当包括有序的多个环节，各个环节需要恰当的合同管理，不可遗漏。缔约的准备阶段，包括了解对方资信、确定缔约内容等，是整个合同管理的基础阶段。审核签订阶段，包括确定合同条款、按照规定流程审核等，是合同管理的核心环节。依约履行阶段，包括乙方依约履行、关注对方履约等，是实现合同管理目标的有力保障。争议处理阶段虽不是合同管理的必经环节，但关系当事人利益，应妥善管理。

（3）预防为主的原则

合同管理应当以预防合同纠纷、防范经营风险为主，以解决合同纠纷、分散经营风险为辅。合同管理的主要目的在于预防潜在经营风险，而不是如何处理已经发生的经营风险。不存在合同隐患，没有发生合同纠纷，恰恰是合同管理的最大成效与终极目标。重点关注合同管理的缔约谈判，审核签订等阶段；同时注意合同履行与争议处理。前阶段的管理水平很大程度上决定了后阶段的状况或结果，所以合同管理应前重后轻。

（4）分类管理的原则

不同种类的合同具有不同的特点，应当区别对待，采取不同的管理方式与程序。依签约的对象可分为内部合同与外部合同；依重要程度可分为一般合同与重大合同；依标的大小可以将其分为小额合同与大额合同；依是否涉外，可分为涉外合同与普通合同。内部合同、一般合同、小额合同、普通合同管理难度较小，方式与程序相对简单。外部合同、重大合同、大额合同、涉外合同管理难度较大，方式与程序较为复杂。

（5）科学流程管理的原则

一个项目会涉及众多的利益相关者，可能会包括政府、银行、业主、承包商、供应商、分包商等组织，其合同层次结构复杂，必须采用科学有效的方法进行管理。

合同管理应当设置专门人员，确定合理的程序，明确分工与职责，实现协作与制衡的有机结合。合同管理不是应急事件，它是一项惯常性工作，应当按照确定的规则和程序进行。合同的流程管理是实现分工协作的基础，是管理细化及专业化的必要前提。流程管理可以充分调协不同部门和专业领域的知识资源，更好地实现管理合同的目的。流程管理明确相关部门与人员的职责，在协作管理的同时，实现有效的监督制衡。例如，制定项目合同网络图，将合同管理责任分解到组织的各个部分。

3. 项目合同管理制度

项目合同管理制度是指项目合同管理人员在合同管理中必须共同遵守和执行的规则、规章和工作规程标准。

项目合同管理制度主要包括以下几方面内容：

（1）基础制度：

1）岗位责任制。

2）统计报表制度。

3）合同文本制度。

4）合同专用章制度。

5）合同管理员和委托人、代理人管理制度。

6）合同档案制度。

（2）合同签约前的制度：

1）市场调查制度，是指项目对合同标的物的价格、交货期等情况进行调查的一种制度。

2）资信调查制度，是指对当事人的资金、技术设备、产品质量、信誉等情况进行调查的一种制度。

（3）合同签约过程制度：

1）委托代理制度。

2）合同咨询、鉴证或公证制度。

3）合同会签制度。

4）合同审批制度。

（4）合同履行中制度：

1）合同台账制度。

2）合同传递制度。

3）函电登记回复制度。

4）合同变更解除制度。

5）合同结算制度。

6）合同纠纷报告、处理制度。

（5）合同履行后制度：

1）合同监督检查制度。

2）合同考核奖惩制度。

二、归档合同

为了保证合同文档版本的一致性，在项目启动阶段就要制定项目合同管理制度，对合同的分类、编号、合同遵循的标准、合同文档的输出格式、合同的描述质量、合同的可用性进行明文规定，并且要求合同管理人员严格按照规定的要求记录、输出、提交合同文档。

1. 合同归档要求

（1）材料完整齐全。立卷时，要求将合同的正件与附件、印件与定稿、请示与批复等统一立卷。

（2）系统、条理、保持有机联系。合同分类准确、立卷合理。

（3）项目合同实行统一编号，便于分类归档。

2. 合同归档办法

（1）合同归档方法

合同归档方法以合同编号分类，并核定合同档案的机密程度，一份合同一卷，按时间顺序排列，卷内文件按主次关系排列，正件在前，附件在后。

（2）合同归档步骤

收集→整理→分类→立卷

3. 合同档案的过程管理

（1）预立卷

应及时做好日常的预立卷工作，将需归档的预立卷文件整理好。合同档案管理人员要定期检查已执行完毕但未归档的合同及相关文件。

（2）保管

应设立专用文件库保存合同档案。从合同档案的内容、时间、档案价值等方面，确定各类合同档案的保管期限，编制成表。

（3）监督

应根据各单位实际，进行定期或不定期的检查，监督各单位合同档案的管理工作。

4. 合同档案的调阅

（1）因工作需要调阅合同档案，须填写“合同档案查阅单”，注明查阅合同档案的名称、编号、密级、查阅人等。依据查阅权限和档案密级，经合同档案管理负责人签批后方能查阅。

（2）任何人不得随意外借项目归档的合同文件，确因工作需要外带，须办理合同档案外借手续，经有关负责人批准后，方可带出，用毕即归还。阅档人对所借阅合同档案必须妥善保管，不得私自复制、调换、涂改、污损、划线等，更不能随意乱放，以免遗失。

最后要说明的是，合同归档工作贯穿整个合同管理的过程，不是全部在项目合同收尾阶段完成的。合同的归档时间一般按照工作的阶段性来进行，例如：

1）凡是有法律效用的合同文件，一生效就归档。

2）凡是机密性的合同文件，随时形成，随时归档。

3）合同一般性附件、合同签收记录、履行情况记录等在合同履行完毕后一个月内归档。

在项目合同收尾阶段，需要将项目整个过程中形成的所有合同文档进行汇总、归类和保存，在这个阶段，更集中在汇总、整理等工作上面。

第 2 节　管 理 收 尾

学习单元 1　收集项目资料

学习目标

➢ 了解管理收尾的概念、目的

➢ 了解项目资料的概念和主要表现形式

➢ 能够收集项目管理收尾相关的资料

一、管理收尾的概念

管理收尾是项目收尾的一个重要组成部分，管理收尾包括一系列零碎、烦琐的行政事务性工作，比如收集、整理项目文件，发布项目信息，组织项目移交，归还租赁的设备，解散并重新安排项目人员，庆祝项目结束，总结经验教训等。项目管理员应能够识别、收集与项目相关的各类记录和文件，并进行整理归档。

二、项目资料的概念及构成

项目资料是项目各项活动产生的文件的总和，是项目整个生命期的文件记录，是项目产品不可缺少的组成部分。项目文件资料既为项目实施提供说明和规范，也为项目评价、验收提供标准，还是项目交接、运行维护和后评价的重要原始凭证。

在项目收尾阶段，我们必须收集所有项目相关的文件和记录。这项工作不仅仅是项目本身收尾的需要，也是对项目进行后评价，为了项目产品今后的运营以及对未来项目的设计、计划、估算和管理、积累可以查阅的经验教训的需要。

根据项目逐步推进实施的需要，项目在不同阶段会形成具有各自阶段特征的文件资料，但总的来看，项目资料一般包括：

- 项目授权书。
- 项目招标书。
- 项目投标建议书。
- 项目计划书，包括技术部分和商业部分。
- 项目会议纪要。
- 项目进展报告。
- 项目变更申请。
- 项目变更批准报告。
- 项目采购文件。
- 项目合同文件。
- 项目验收报告。
- 项目总结报告。
- 其他：如图纸、技术要求说明书等。

三、收集管理收尾所需资料

项目资料的收集整理始于工程开工，终于项目竣工，如实地记录项目计划、实施的全过程，是一项需要细心和持之以恒的工作。

项目资料的收集整理和归档是相辅相成一连串的工作，项目资料要按照资料归档的要求来收集整理，各种不同的项目资料整理归档的要求和标准各不相同，所以，对于项目资料的收集也要按照项目归档的分类和要求来进行。

学习单元 2　归档项目资料

学习目标

➢ 掌握项目资料归档方法

➢ 能够归档各类管理收尾所需资料

如上一学习单元所述，项目资料种类繁多，随着项目的逐步实施，有些资料还需要随时保持更新或修订补充，这些资料是项目本身不可缺少的一部分，其重要性不言而喻，所以对项目的所有资料都应该采用科学有效的方法进行整理和归档。

我国颁布了一系列资料档案管理法规，如《中华人民共和国档案法》及《档案法实施办法》，还颁布了若干资料归档管理的国家标准和行业标准，例如 GB/T 9705—1988 文书档案案卷格式，GB/T 11821—2002 照片档案管理规范，GB/T 11822—2000 科学技术档案案卷构成的一般要求，GB/T 13968—1992 档案交接文据格式，GB/T 15418—1994 档案分类标引规则，GB/T 17678.1—1999《CAD 电子文件光盘存储、归档与档案管理要求》，GB/T 18894—2002 电子文件归档与管理规范，DA/T 1—2000 档案工作基本术语，DA/T 222000 归档文件整理规则等，中华人民共和国国家档案局 2000 年 12 月 6 日发布的 DA/T 222000 归档文件整理规则是一个通用规则，但同样适用于项目资料归档文件的整理归档，现对此标准节选如下：

2　定义

本标准采用下列定义：

2.1　归档文件

立档单位在其职能活动中形成的、办理完毕、应作为文书档案保存的各种纸质文件材料。

2.2　归档文件整理

将归档文件以件为单位进行装订、分类、排列、编号、编目、装盒，使之有序化的过程。

2.3　件

归档文件的整理单位。一般以每份文件为一件，文件正本与定稿为一件，正文与附件为一件，原件与复制件为一件，转发文与被转发文为一件，报表、名册、图册等一册（本）为一件，来文与复文可为一件。

3　整理原则

遵循文件的形成规律，保持文件之间的有机联系，区分不同价值，便于保管和利用。

4　质量要求

4.1　归档文件应齐全完整。已破损的文件应予修整，字迹模糊或易退变的文件应予复制。

4.2　整理归档文件所使用的书写材料、纸张、装订材料等应符合档案保护要求。

5　整理方法

5.1　装订

归档文件应按件装订。装订时，正本在前，定稿在后；正文在前，附件在后；原件在前，复制件在后；转发文在前，被转发文在后；来文与复文作为一件时，复文在前，来文在后。

5.2　分类

归档文件可以采用年度—机构（问题）—保管期限或保管期限—年度—机构（问题）等方法进行分类。同一卷应保持分类方案的稳定。

5.2.1　按年度分类

将文件按其形成年度分类。

5.2.2　按保管期限分类

将文件按划定的保管期限分类。

5.2.3　按机构（问题）分类

将文件按其形成或承办机构（问题）分类（本项可以视情况予以取舍）。

5.3　排列

归档文件应在分类方案的最低一级类目内，按事由结合时间、重要程度等排列。会议文件、统计报表等成套性文件可集中排列。

5.4　编号

归档文件应依分类方案和排列顺序逐件编号，在文件首页上端的空白位置加盖归档章并填写相关内容。归档章设置卷宗号、年度、保管期限、件号等必备项，并可以设置机构（问题）等选择项。

5.4.1　年度：文件形成年度，以4位阿拉伯数字标注公元纪年，如1978。

5.4.2　保管期限：归档文件保管期限的简称或代码。

5.4.3　件号：文件的排列顺序号。

5.4.4　机构（问题）：作为分类方案类目的机构（问题）名称或规范化简称。

5.5　编目

归档文件应依据分类方案和室编件号顺序编制归档文件目录。

5.5.1　归档文件应逐件编目，来文与复文作为一件时，只对复文进行编目。归档文件目录设置件号、责任者、文号、题名、日期、页数、备注等项目。

5.5.1.1　件号：填写室编件号。

5.5.1.2　责任者：制发文件的组织或个人，即文件的发文机关或署名者。

5.5.1.3　文号：文件的发文字号。

5.5.1.4　题名：文件标题。没有标题或标题不规范的，可自拟标题，外加"[ ]"号。

5.5.1.5　日期：文件的形成时间，以 8 位阿拉伯数字标注年月日，如19990909。

5.5.1.6　页数：每一件归档文件的页数。文件中有图文的页面为一页。

5.5.1.7　备注：注释文件需说明的情况。

5.5.2　归档文件目录用纸幅面尺寸采用国际标准 A4 型（长×宽为 297 mm×210 mm）。

5.5.3　归档文件目录应装订成册并编制封面。归档文件目录封面可以视需要设置全宗名称、年度、保管期限、机构（问题）等项目。其中全宗名称即立档单位的名称，填写时应使用全称或规范化简称。

5.6　装盒

将归档文件按室编件号顺序装入档案盒，并填写档案盒封面、盒脊及备考表项目。

5.6.1　档案盒

5.6.1.1　档案盒封面应标明全宗名称。档案盒的外形尺寸为 310 mm×220 mm（长×宽），盒脊厚度可以根据需要设置为 20 mm、30 mm、40 mm 等。

5.6.1.2　档案盒应根据摆放方式的不同，在盒脊或底边设置全宗号、年度、保管期限、起止件号、盒号等必备项，并可设置机构（问题）等选择项。其中，起止件号填写盒内第一件文件和最后一件文件的件号，中间用"—"号连接，盒号即档案盒的排列序号，在档案移交进馆时按进馆要求编制。

5.6.1.3　档案盒应采用无酸纸制作。

5.6.2　备考表

备考表置于盒内文件之后，项目包括盒内文件情况说明、整理人、检查人和日期。

5.6.2.1　盒内文件情况说明：填写盒内文件缺损、修改、补充、移出、销毁等情况。

5.6.2.2　整理人：负责整理归档文件的人员姓名。

5.6.2.3　检查人：负责检查归档文件整理质量的人员姓名。

5.6.2.4　日期：归档文件整理完毕的日期。

文件材料归档范围及分类案例

在本单元知识要求部分说明了项目资料归档文件的通用整理规则，但是我国部分行业主管部委和省市主管机关针对本行业和地区还出台了专门的管理办法，例如，2001年6月13日交通部交办发［2001］390号文印发的《公路工程竣工文件材料立卷归档管理办法》就针对我国公路工程竣工文件材料的立卷归档规定了专门的管理办法，建设部和国家质量监督总局在2001年3月5日联合发布编号为GB/T 50328—2001的《建设工程文件归档整理规范》国家标准，用以规范建设工程项目资料文件归档整理，不同的行业或地区的项目资料整理归档还应遵循本行业或地区的专门管理办法和标准。

基本建设项目文件材料归档范围及分类

（一）可行性研究

1. 项目建议书及批复

2. 可行性研究报告（设计任务书、计划任务书）及批复

3. 项目评估

4. 环境预测、调查报告

（二）设计基础材料

1. 工程地质、水文地质、勘察设计、勘察报告、地质图、勘察记录、化验、试验报告、重要土、岩样及说明

2. 地形、地貌、测绘控制点、建筑物、构筑物及重要设备安装测量定位、观测记录

3. 水文、气象、地震等其他设计基础材料

（三）设计文件

1. 批准的初步设计及概算

2. 批准的技术设计（适用于较大、较复杂项目）及修正概算
3. 施工图
4. 技术秘密材料专利文件
5. 关键技术试验
6. 总体规划设计
（四）工程管理文件
1. 征用土地批准文件及红线图
2. 拆迁、补偿协议书
3. 发承包合同、协议书、招标、投标、租赁文件
4. 施工执照
5. 环保、劳动安全卫生、消防等文件，水、暖、电、煤气供应等协议书
（五）施工文件
土建施工文件包括：
1. 开工报告、工程技术交底及图纸会审纪要
2. 施工方案
3. 设计变更、工程更改洽商单
4. 调试、整定纪录
5. 性能测试和校核
6. 施工安装、质量评定、事故处理报告
7. 操作、联动试验
8. 电气装置交接记录
9. 中间交工验收记录、工程质量评定
10. 隐蔽工程检查验收记录
（六）监理文件
1. 工程监理规划
2. 监理合同
3. 监理通知、月报、开（停、复）工令
4. 施工进度计划、延长工期及索赔审批表等文件
5. 总监主持现场例会纪要备忘录、分项（部）验收认证书、工程验收纪录等
6. 竣工移交证书
（七）竣工文件
1. 项目竣工验收报告

2. 全部竣工图

3. 工程有关声像材料

4. 竣工验收会议文件

（八）生产技术准备、试生产文件

1. 技术准备计划

2. 试生产管理、技术责任制

3. 开停车方案

4. 设备试车、验收、运转、维护记录

5. 试生产产品质量鉴定报告

参考文献

1. 张婀娜，邱菀华主编．项目管理师．北京：机械工业出版社，2003

2. 美国项目管理协会．项目管理知识体系指南（第 3 版）．卢有杰，王勇译．北京：电子工业出版社，2005

3. 沈建明主编．项目风险管理．北京：机械工业出版社，2003

4. 毕星，翟丽主编．项目管理．上海：复旦大学出版社，2000

5. 纪燕萍，张婀娜，王亚慧主编．二十一世纪项目管理教程．北京：人民邮电出版社，2002

6. 纪燕萍，王亚慧，李晓鹏主编．中外项目管理案例．北京：人民邮电出版社，2002

7. 纪燕萍，王亚慧，李晓鹏主编．项目管理实战手册．北京：人民邮电出版社，2002

8. 白思俊等．现代项目管理概论．北京：电子工业出版社，2006

9. 中国项目管理研究委员会．中国项目管理知识体系与国际项目管理专业资质认证标准．北京：机械工业出版社，2005

10. ［美］豪根（Haugan，G. T.）．有效的工作分解结构．北京：机械工业出版社，2005

11. ［美］施瓦尔贝（Schwalbe，K.）．IT 项目管理．邓世忠等译．北京：机械工业出版社，2004

12. ［美］维尔朱（Verzuh，E.）．项目管理．摸板、解决方案与最佳实践（第 2 版）．刘霞等译．北京：电子工业出版社，2006

13. Richard Luecke. Managing Projects Large and Small. Harvard Business School Press，2004

14. ［美］巴卡等．PMP：项目管理专家认证练习与解答．爱丁等译．北京：电子工业出版社，2003

15. ［美］格雷（Gray，C. F.），拉森（Larson，E. W.）．项目管理教程．王立文等译．北京：人民邮电出版社，2005

16. ［美］杰弗里 K. 宾图（Jeffrey K. Pinto）．项目管理（英文版）．北京：机械工业出版社，2007

17. 中国（双法）项目管理研究委员会．中国项目管理知识体系．北京：电子工业出版社，2006

18. 中国建设监理协会．建设工程进度控制．北京：中国建筑工业出版社，2003

19. 陈光健，徐荣初，叶佛容主编．建设项目现代管理．北京：机械工业出版社，2004

20. ［美］库珀，辛德勒．商业研究方法（第7版）．郭毅，詹志俊等译．北京：中国人民大学出版社，2006

21. 投资项目可行性研究指南编写组．投资项目可行性研究指南．北京：中国电力出版社，2002

22. 刘伊生．建设项目管理（第2版）．北京：清华大学出版社，北京交通大学出版社，2004

23. 谭崇台，郭熙保，邹徽主编．宏观经济学．北京：中国社会科学出版社，2000

24. 朱志刚．财政投资评审指南．北京：中国财政经济出版社，2002

25. 成虎．工程项目管理（第2版）．北京：中国建筑工业出版社，2001

26. 乌云娜等．项目采购与合同管理．北京：电子工业出版社，2006

27. 梁军主编．采购管理．北京：电子工业出版社，2006

28. 郑建国．项目采购管理．北京：机械工业出版社，2007

29. 骆温平．物流与供应链管理．北京：电子工业出版社，2002

30. 丁荣贵，杨乃定主编．项目组织与团队．北京：机械工业出版社，2005

31. 范黎波．项目管理．北京：对外经济贸易大学出版社，2005

32. ［美］加里·德斯勒．人力资源管理．北京：中国人民大学出版社，1999

33. ［美］雷蒙德·A·诺伊．雇员培训与开发．徐芳译．北京：中国人民大学出版社，2001

34. ［美］斯蒂芬·P·罗宾斯．组织行为学（第7版）．孙建敏译．北京：中国人民大学出版社，2001

35. 朱祖祥．人类工效学．杭州：浙江教育出版社，1994

36. 罗云等．安全经济学导论．北京：经济科学出版社，1993

37. 徐德蜀，邱成．安全文化通论．北京：化学工业出版社，2004

38. 谢庆森，王秉权．安全人机工程．天津：天津大学出版社，1999

39. 林泽炎．人为事故预防学．哈尔滨：黑龙江教育出版社，1998

40. 袁昌明，王金国，于飞．实用安全管理技术．北京：冶金工业出版社，1998

41. 符文琛等．劳动安全心理学．北京：中国标准出版社，1995

42. ［加］迪隆（Dhillon，B. S.）．人的可靠性．北京：宇航出版社，1991

43. 杜栋．信息管理学教程．北京：清华大学出版社，2002

44. 杜栋．管理控制学．北京：清华大学出版社，2006

45. 陈国青，［德］雷凯．信息系统的组织、管理、建模．北京：清华大学出版社，2002

46. [美] 玛丽·蒙特. 管理沟通指南——有效商务写作与演讲（第7版）. 钱小军，张洁译. 北京：清华大学出版社，2007

47. 薛华成等. 管理信息系统（第3版）. 北京：清华大学出版社，1999

48. 闪四清. 管理信息系统教程. 北京：清华大学出版社，2003

49. 王晓奇，郭晔主编. 管理信息系统. 西安交通大学出版社，2003

50. 赖茂生主编. 信息资源管理教程. 北京：清华大学出版社，2006

51. 王宪磊. 信息管理论. 北京：社会科学文献出版社，2004

52. 全国监理工程师培训教材编写委员会，全国监理工程师培训教材审定委员会. 全国监理工程师培训教材——工程建设信息管理. 北京：中国建筑工业出版社，1997

53. 李日保. 现代物流信息化. 北京：经济管理出版社，2005

54. [美] Robert. M. Thomas. 局域网实用手册——计算机联网指南. 陈奇岩，杨继红等译. 北京：电子工业出版社，1996

55. 贺正楚，文先明. 信息沟通与企业危机管理研究. 长沙：湖南人民出版社，2006

56. 苏勇，罗殿军主编. 管理沟通——工商管理硕士（MBA）教材. 上海：复旦大学出版社，1999

57. 周中胜. 职场完全沟通百法. 广州：广东经济出版社，2006

58. [美] 约翰·雷克斯. 项目文档管理指南. 费琳，张祖成译. 北京：电子工业出版社，2006

59. 陆卫明，李红. 人际关系心理学. 西安交通大学出版社，2006

60. 鲜继清，张德民，蒋青等. 现代通信系统与信息网. 北京：高等教育出版社，2005

61. 国际项目管理协会. 国际项目管理专业资质认证标准. 中国（双法）项目管理研究委员会译. 北京：电子工业出版社，2006

62. 中国（双法）项目管理研究委员会，中国信息产业商会，中国电子信息产业发展研究院. IT信息化项目管理知识体系与国际项目管理专业资质认证标准 iPMBOK2004. 北京：电子工业出版社，2004

63. 中国软件评测中心. 计算机信息系统集成项目管理基础. 北京：电子工业出版社，2004

64. 中国软件评测中心. 计算机信息系统集成项目管理实践. 北京：电子工业出版社 2004

65. 计雷等. 突发事件应急管理. 北京：高等教育出版社，2006

66. 常凯主编. 中华人民共和国劳动合同法释义. 北京：中国劳动社会保障出版社，2007

67. 劳动和社会保障部. 贯彻实施就业促进法工作手册. 北京：中国劳动社会保障出版社，2007

68. 生青杰主编. 工程建设法规. 北京：科学出版社，2004

69. 俞宗卫主编. 建设工程法规及相关知识实用指南. 北京：中国建材工业出版社，2006

70. 赖一飞，夏滨，张清. 项目管理学. 武汉大学出版社，2006

71. 乌云娜等. 项目管理策划. 北京：电子工业出版社，2006

72. 何伯森主编. 国际工程合同管理. 北京：中国建筑工业出版社，2005

73. 甘华鸣主编. 项目管理. 北京：中国国际广播出版社，2005